Het leven voor Beginners

Het leven voor Beginners

Dolores Marciano

Peer Angström

Uitgeverij Thoeris
Amsterdam 2008

Illustraties en cover Rafaël Croonen
Boekverzorging Nanja Toebak
ISBN 978 90 72219 33 6
NUR 372

Denckt aleer
gij doende zeijt
al doende
denckt dan nog

Inhoud

Over de auteurs

Dolores Marciano (1958) is geboren in Mexico en op haar derde jaar als adoptiekind naar Nederland gekomen. Na haar schoolopleiding zwierf ze jarenlang de wereld rond, werkte als serveerster, vrachtwagenchauffeur, gevangenenbewaardster, reisgids, assistent-leeuwentemmer, vertaalster en escortgirl.

Ze studeerde een paar jaar filosofie en werkt momenteel in de jeugdhulpverlening.

Daarnaast treedt ze ook op als mediator bij echtscheidingen.

Peer Angström (1953), kind van twee lesbische moeders, groeide op op een rendierboerderij nabij de poolcirkel. Na een succesvolle carrière als psychiater gespecialiseerd in relatieproblematiek en depressie in Göteborg besloot hij zijn leven een andere draai te geven.

Hij vertrok met zijn Nederlandse vrouw naar Amsterdam en richtte daar zijn eigen relatiebemiddelingsbureau op. Het is zijn heilige overtuiging dat hij op deze manier een belangrijkere rol kan vervullen voor de volksgezondheid dan als psychiater.

*Het leven is
een open boek
maar je moet wel
kunnen lezen*

Introductie – alles is al gezegd

Waarom nog een boek toevoegen aan de gestaag groeiende stroom lichte en minder lichte literatuur die zich buigt over de vraag of mannen echt van Mars komen of over de aloude vraag '*Wass will das Weib?*' Alles is toch al gezegd over het leven en de liefde?

Daar zit hem nou juist de kneep. Er is zoveel gezegd, en ook zoveel tegenstrijdigs, dat niemand meer precies weet hoe het zit.

Verwacht geen wereldschokkende nieuwe openbaringen van dit kleine boekje. Veel nieuwe inzichten staan er niet in. De auteurs hangen de stelling aan dat het leven van tegeltjeswijsheden aan elkaar hangt. Er valt bijna niets over leven of liefde te zeggen dat niet eerder op een tegeltje is verschenen. Het grote probleem is alleen welke van die duizenden wijsheden (of clichés, het verschil is vaak verwaarloosbaar) nou een kern van waarheid bevatten en welke complete onzin zijn. En valt er een logisch verband te leggen tussen al die deelwijsheden, dat tevens ook een licht werpt op de grote levensvragen als '*Waartoe zijn wij op aarde?*'

En hoewel we zelf niet erg geloven in een *methode* om het leven mooi en gelukkig te maken, (of die nou bidden, Scientology, The Secret of Transcendente Meditatie heet) zullen we toch meer doen dan Het Leven slechts voor onze lezertjes verklaren. We zullen ruim strooien met handige tips en nuttige adviezen om het verblijf in dit aardse tranendal draaglijker te maken. Waarmee we hopen dat iedereen het aan het eind van het boek met ons motto eens is: het leven is een makkie!

Als schrijvers hebben we samen zo'n honderd jaar ervaringsdeskundigheid met leven en liefde. En dat op zeer veel verschillende terreinen. Persoonlijke ervaringen, studie, werk, onderzoek en niet in de laatste plaats veel nadenken over het leven hebben onze visie vormgegeven. Onze totaal verschillende persoonlijkheden, achtergrond, kennis en geslachten maken dat onze inzichten elkaar uitstekend aanvullen.

In dit boekje niet de vrouwelijke kant van het verhaal, niet de filosofische of feministische, niet het genetisch-deterministische verhaal: dit boekje bevat een pragmatisch inzicht in het diepst van de menselijke ziel. Een verhaal dat soms zo simpel is dat veel lezers zich achteraf zullen afvragen waarom ze het zelf niet hebben bedacht.

Laat het een troost zijn: wij hebben het ook niet zelf bedacht. Onze dank gaat uit naar de vele bekende en nog veel meer onbekende wijzen en dwazen die de afgelopen tienduizend jaar hun gedachten over het thema hebben laten gaan.

Waarom het zo moeilijk is om het allemaal op een rijtje te krijgen? Omdat we als mens partij zijn. We zijn dagelijks 24 uur bezig met leven en dan wordt het nogal moeilijk om er eens rustig bovenuit te stijgen en van een afstandje peinzend naar jezelf en de medemens te kijken. Zoals Marshall McLuhan het al formuleerde: '*The fish is not the most capable creature of studying the water.*'

Dolores Marciano & Peer Angström

P.S. We zullen het hardnekkig over SEX hebben in plaats van over SEKS Niet alleen omdat we daarmee aansluiten bij de rest van de wereld, maar vooral omdat seks riekt naar ongewassen geitenwollensokkenjargon. Seks is goed voor problematische zaken, sex is waar onze hormonen ons achteraan sturen. *SEX sells – SEKS sucks!*

*Veel is
de mens gegeven
doch niet het eeuwig
leven*

Het leven begint bij de geboorte

WAT IS LEVEN?

Twee dingen staan vast: je wordt geboren en je gaat weer dood. Het stuk daartussen zouden we leven kunnen noemen. Zo, daar zijn we snel klaar mee. Volgend hoofdstuk.

Een beetje kort door de bocht? Inderdaad, zo krijgen we dit boek natuurlijk nooit vol.

De liefhebbers van de wat-is-leven-discussie gaan altijd met elkaar in de clinch over de vraag wanneer het leven nou echt begint. Bij de bevruchting? Of bij de geboorte? Of ergens daar tussenin? Op welk moment blaast Onze-Lieve-Heer middels Zijn goddelijke adem leven in een mens?

Een heilloze discussie en alleen interessant voor anti-abortusactivisten. Het is net als de vraag wanneer het dag is en wanneer nacht. Nogal simpel, als het donker is, is het nacht en als het licht is, is het dag. Maar wanneer begint de nacht? Als het begint te schemeren? Als het al flink schemert? Wanneer is het koud en wanneer warm? Wanneer is het gras kort en wanneer lang? Wanneer ben je oud en wanneer jong?

Er is geen zinnig antwoord mogelijk, sommige vragen laten zich nou eenmaal niet exact beantwoorden. Maar daarom hoeven het nog niet per se heel diepzinnige vragen te zijn, waar je je nog heel lang het hoofd over breekt.

Heb je je het hele leven koortsachtig zitten afvragen wat leven nou eigenlijk is, kom je er op je sterfbed tot je schrik achter dat je het nog steeds niet weet, maar wat je wel weet is dat dat leven van je niet lang meer gaat duren. Zonde om je energie aan te besteden, het leven is daar veel te kort voor. Tenzij je filosoof bent natuurlijk, of geestelijke, dan verdien je je brood met dit soort levensvragen.

Bottom line is dat een pasgeboren baby behoorlijk levend is. Het kleine wicht trappelt met de beentjes en armpjes dat het een aard heeft en als het vervolgens in luid gekrijs uitbarst, weten we het zeker: een nieuw leven heeft zich aangediend.

WAARIN VERSCHILT MENSELIJK LEVEN VAN ANDER LEVEN?

Zes miljard aardbewoners hebben er geen enkele moeite mee een exemplaar van de diersoort Homo Sapiens haarfijn te onderscheiden van andere dieren. Soms hebben ze er wèl even moeite mee vast te stellen of die Homo Sapiens leeft of dood is. Maar ook daar kom je snel achter, even schudden en als de Homo Sapiens niet wakker wordt, dan betreft het waarschijnlijk een niet meer levend exemplaar.

Een experiment: we verzamelen een deskundige jury bestaande uit een professor in de biologie, een Amazone-indiaan die nog nooit contact heeft gehad met de westerse beschaving, een Eskimo, een Pygmee, een verstandelijk gehandicapte en een blindengeleidchond.

Deze jury staat voor de moeilijke taak uit een aantal gepresenteerde voorwerpen te bepalen wie de mens is: een stoel, een olifant, een mensenbaby, een sprekende computer, een chimpansee, een paspop en een robot. De jury krijgt slechts twee minuten tijd om te overleggen en moet tot een unaniem oordeel komen.

Honderd procent zeker dat de jury het goede antwoord geeft. We hebben er geen filosofie voor nodig, we weten het gewoon. De baby is het menselijke wezen. Ook al redeneert en praat die baby niet, laat staan dat ie piano speelt.

Zoals zo vaak maakt de filosofie een vanzelfsprekend onderwerp moeilijk. Leuk voor de liefhebbers van het waarom, irrelevant voor de vaststelling van de feiten.

Dolores: *Wij vrouwen hebben meer met leven dan jullie mannen. Wij kunnen nieuw leven maken, van een minuscuul zaadje en een eitje tot een heuse baby. Dat doen jullie ons niet na.*

Peer: *Geen wonder dat wij ons hebben toegelegd op andere zaken, zoals het veroveren van landen en vrouwen. En dankzij dat laatste kunnen we veel meer leven verwekken dan jullie kunnen baren. Jij kunt hoogstens een stuk of twintig kinderen baren, ik kan er duizenden verwekken.*

Dolores: *Altijd weer denken jullie in kwantiteit, veel is goed. Wat heb je nou aan duizenden kinderen die je amper kent en niet opvoedt? Dat is toch fabriekswerk? Persoonlijke zorg, steek alles wat je hebt in die paar kinderen, dat geeft kwaliteit.*

Peer: *Maar jullie claimen altijd dat jullie betere opvoeders zijn dan wij. Dus laat ik mijn duizenden kinderen opvoeden door die duizenden bekwame opvoedsters. Die doen dat vast allemaal uit volle overgave. En een deel van die kinderen zal nooit wat worden, die komen voort uit een kreupel zaadje of zo. Maar één op die duizend is vast een topexemplaar, een nieuwe Einstein of Rembrandt. De kans dat jij moeder van een genie wordt is veel kleiner. Dus wie heeft het nou goed bekeken?*

Dolores: *Maar ik krijg 's avonds bij het naar bed gaan een kusje.*
Peer: *Waar heb jij het nou weer over?*
Dolores: *Laat maar...*

Zo simpel als het lijkt, toch hebben filosofen zich er in de loop der eeuwen het hoofd over gebroken. En steeds maar weer neigt men naar dat ene aspect dat de mens van het dier onderscheidt: de rede.

De mens is het enige wezen dat kan redeneren. De Franse filosoof René Descartes (1596-1650) formuleerde het aldus: '*Cogito ergo sum.*' In gewoon Nederlands: '*Ik denk, dus ik ben.*'

Het klinkt in eerste instantie niet verkeerd, zit wat in, ben je geneigd te denken. (En dan gaan we niet flauw doen over al die rampzalige redeneringen en besluiten die de mensheid in de loop van haar geschiedenis heeft genomen onder de noemer van de rede.)

Het probleem met die stelling van Descartes is dat er steeds meer aan geknabbeld wordt. De mens was het enige wezen dat intelligent was, dat kon praten, lezen, muziek maken, uitvinden.

In de tijd van Descartes was dat een waarheid als een koe. Slimme uitvindingen als de pianola of robots die een menselijk aandoende handeling uitvoerden, waren hoogstens amusant, maar niet intelligent.

Descartes kwam pas in de knel met de komst van de computer. Die begon in hoog tempo een aantal dingen te kunnen die daarvóór uitsluitend tot het menselijk domein behoorden. Computers konden al snel beter rekenen dan mensen, ze leerden robots besturen in fabrieken, ze leerden praten, muziek maken en schaken.

Nog steeds niet intelligent, allemaal aangeleerd gedrag, een computer kan alleen voorgeprogrammeerde handelingen verrichten.

Maar toch, het gaat hard, de wereldkampioen schaken redt het ondertussen niet meer tegen de computer. Computerprogramma's krijgen langzaamaan zelflerende elementen, ze leren zich dingen aan die niet zijn geprogrammeerd, maar die ze tegenkomen, precies zoals een klein kind dat doet. Hoe lang houden we onze voorsprong nog, wanneer kunnen computers echt denken?

De Britse wiskundige Alan Turing formuleerde al in 1948 een test om uit te maken wanneer een computer als intelligent zou kunnen worden beschouwd. Dat was als een groep menselijke proefpersonen – zonder hun gesprekspartner te kunnen zien – na een chatsessie niet meer zouden kunnen bepalen of ze nou met een mens of met een machine hadden zitten converseren. Als de computer dat voor elkaar had, dan was hij intelligent.

Die Turing zelf was in ieder geval wel intelligent, wellicht is het dankzij hem dat we vandaag de dag geen Duits spreken. Het was een team onder zijn leiding dat in de Tweede Wereldoorlog met de hulp van de eerste grote computers de geheime codes van de Nazi's wist te kraken, zodat de geallieerden militaire berichten van de Duitsers konden decoderen.

Al in de vroege jaren zeventig werd de Turingtest volbracht door het computerprogramma Eliza. De (chat-)gesprekspartners van Eliza konden haar niet onderscheiden van een menselijke gesprekspartner.

Wel hadden de programmeurs van Eliza een beetje gesmokkeld met de definitie van *menselijke partner*. Eliza gaf zich uit voor psychiater en dus vond de testgroep het heel gewoon dat je, na een uiteenzetting over de uitzichtloosheid van je werk, de vraag terugkreeg hoe de relatie met je moeder was.

Besloten werd dus dat een psychiater niet helemaal voldeed aan de definitie *mens*.

Merkwaardig genoeg heeft die conclusie nooit tot verder zelfonderzoek onder de betreffende beroepsgroep geleid.

Maar laten we een ruime marge nemen. Over honderd jaar bestaat er vast een compleet intelligent elektronisch brein dat zichzelf leert en dat ook nog eens gevoel kent.

Is dat brein dan een mens? Nee, natuurlijk niet, hoogstens hebben we een nieuwe intelligentie uitgevonden, maar dat brein kan net zo hard roepen '*Ik denk, dus ik besta*' en dat in alle talen die de aarde rijk is, maar geen mens zal dat brein als menselijk aannemen.

Of zou het juist dat eeuwige '*Ja, maar waarom...*' zijn dat mensen menselijk maakt? '*Ik zoek dus ik ben?*'

Wellicht komt deze kernvraag al dichter in de buurt dan de originele versie van Descartes. Is de mens niet altijd op zoek naar het waarom van de dingen, naar De Waarheid? Ach welnee, daar houdt hij of zij zich in het gemeen slechts mee bezig in het holst van de nacht na een flink aantal glazen.

Wat de mens wérkelijk onderscheidt van andere dieren is dat hij (met name hij, maar de zij in kwestie geeft natuurlijk wel genoeg lokstoffen af om dat gevoel in stand te houden) altijd tot sex bereid is. En dat is uniek.

Waar andere dieren in bepaalde perioden van het jaar paren, is de mens het hele jaar rond geil en klaar voor actie. En als er dan niets te paren valt omdat we met z'n allen hebben afgesproken dat het een rommeltje wordt als iedere man zomaar iedere voorbijkomende juffrouw bespringt, dan doen we het wel in onze fantasie.

Gewoon uit het hoofd geprojecteerd op de persoon tegenover je in de tram, of middels opwindende plaatjes, boekjes of video's. Of we laten ons betaald uit onze nood helpen door daartoe deskundige dames en heren.

Het veel geciteerde onderzoek dat een man gemiddeld drie tot zes keer per minuut aan sex denkt, bestaat bij nadere research helemaal niet. Het zou evolutionair ook niet zo handig zijn als de man iedere minuut van de dag aan sex dacht, dan zou er nooit een mammoet gevangen worden. Zo heel af en toe moet de lust even wachten.

Maar na de jacht blijven er nog genoeg minuten per dag over om geil te zijn.

Ergo: '*Ik ben altijd geil, dus ik besta!*'

Dolores: *Een tikje kort door de bocht naar jouw smaak, Ik ben altijd geil, dus ik besta? Evolutiepsycholoog Geoffrey Miller betoogt dat naast de pure survival ook de sexuele aantrekking een cruciaal evolutionair instrument is. De mannetjespauw verkleint zijn overlevingskans door die prachtige maar onhandige staart waardoor hij een makkelijke prooi voor roofdieren wordt. Maar het levert hem wel meer vrouwtjes en dus grotere kans op voortplanting op. De evolutie vond dat blijkbaar de moeite waard, anders was de pauwenstaart al lang uitgestorven.*

Zo ook bij onze soort. De mannetjes moeten imponeren, de vrouwtjes kiezen de best mogelijke vader voor hun nageslacht. Is het je ooit opgevallen dat mannen meer hechten aan macht, rijkdom, een kast van een huis en een sportauto? Dat ze het hoogste woord voeren, altijd op de voorgrond willen treden? Daarmee stralen ze uit: ik heb macht, ik heb kracht, mijn genen zijn sterke overlevers en ik ben rijk genoeg om ons kroost goed te voeden.

Is het je ooit opgevallen dat vrouwen vallen voor dominante mannen met macht

en geld? Daarmee kiezen ze niet zozeer voor dat geld als wel voor de vermeende goede genen.
De dames moeten zich aantrekkelijk genoeg opstellen om de aandacht op zich te vestigen, waarna de bronstige heren hun pauwendans beginnen. Maar uiteindelijk is het de dame die in alle rust haar keuze kan maken uit de baltsende heren...

Melk in de muil
maakt de luier vuil

De jeugd

DE KINDERZIEL

Kleine kinderen kunnen zich nog niet in anderen verplaatsen en zijn nog ongegeneerd egoïstisch. De hele wereld draait nog om hen en charmant glimlachend dan wel stampvoetend laten ze zich dat met genoegen welgevallen. Die handjes blijven alleen uit de koektrommel omdat er anders straf volgt, niet omdat een innerlijke stem zegt dat ze niet aan de koekjes mogen komen. Wij volwassenen zijn daar jaloers op. Hoe graag zouden wij ons ook niet willen overgeven aan het onbekommerde bevredigen van onze eigen behoeften zonder met iemand anders rekening te hoeven houden.

Maar proberen we deze begerenswaardige levensfase van ons kroost zo lang mogelijk voor ze te behouden? Nee, integendeel, onder het mom van opvoeden doen we ons best ze zo snel mogelijk te voorzien van dat eeuwige innerlijke stemmetje dat voortaan bij vrijwel alles wat ze willen doen, zegt dat het niet mag. Het is uit met de pret. We zijn pas tevreden als ze net zo'n strenge innerlijke cipier hebben als wijzelf.

Het eerste dat peuters opvalt over hun medemens is dat er een verschil is tussen jongetjes en meisjes, tussen papa en mama. Jongetjes zijn gefascineerd door dat spleetje, meisjes vinden dat aanhangseltje intrigerend.

Vroeger, toen je nog wel eens zonder ouderlijk toezicht buiten kwam, kon je die fascinatie een enkele keer nader bestuderen. Hé, er past echt een stokje in dat spleetje! Hé, kijk nou, dat plassertje kan ook omhoog! Die hands-on-lessen zitten er voor de meeste kinderen niet meer in. Ze zullen het nu moeten doen met de technische voorlichting op school of porno op internet.

Dolores: *Het verschil tussen jongetjes en meisjes is er niet vanaf het begin. Tot de achtste week zijn jongens- en meisjesembryo's gelijk. Dan gaan de embryo's met zowel een X- als een Y-chromosoom (de toekomstige mannetjes) een enorme stoot mannelijke geslachtshormonen aanmaken. Daardoor wordt onder andere de ontwikkeling van een penis gestimuleerd. De embryo's met twee X-chromosomen maken veel minder mannelijke hormonen aan, behouden de oorspronkelijke interne geslachtsdelen en ontwikkelen zich tot meisjes.*

Bottom line: *oorspronkelijk zijn we allemaal meisjes. Die hormonen (androgenen) maken van meisjes jongens. Daarom hebben mannen ook tepels, hoewel die volslagen nutteloos zijn voor een man. Dus, heren, jullie zijn niet meer dan gepimpte dames. Of, als je het anders bekijkt, is Eva niet uit de rib van Adam voortgekomen, de vrouwelijke versie was er eerst en Adam kwam pas op stoom na een forse dosis hormonen.*

Kinderen hebben al heel snel door waar volwassenen vaak niet aan willen: jongetjes en meisjes zijn anders.

In de jaren tachtig was de gedachtegang populair in feministische kringen dat dat verschil (niet het piemeltje of het kutje, maar het jongens- of meisjesgedrag) door de opvoeding kwam. Onbewust zouden meisjes meer poppen aangeboden krijgen en jongetjes meer auto's en geweertjes. Maar als je wel eens een tijdje op een crèche hebt rondgelopen, dan weet je dat jongetjes bij binnenkomst naar de autootjes kruipen en meisjes naar de poppenhoek. Ook de dochters van lesbisch-feministische moeders.

En ja inderdaad, daar bovenop krijgen jongens in de opvoeding andere boodschappen en verwachtingen mee, maar dat komt pas op de tweede plaats, dat basale verschil man-vrouw vind je terug in alle samenlevingen. Ja, zelfs mensaapmeisjes grijpen eerder naar een pop en mensaapjongetjes naar een auto.

Peer: *Als enige zoon van twee feministische moeders heb ik het allemaal aan den lijve meegemaakt. En dan woonden we ook nog eens afgezonderd in het hoge noorden tussen de rendieren, dus veel kans om eens goed te kijken naar andere jongetjes had ik ook niet. En tv bestond nog helemaal niet bij ons. Ik had een hele trits poppen en een van mijn moeders heeft zelfs nog een tijdje geprobeerd me meisjeskleding aan te trekken. Een recalcitrante oom die me op verjaardagen toch nog autootjes en geweertjes gaf, werd amper getolereerd.*
Ik speelde ondertussen volmaakt tevreden met een zelfgemaakte voetbal en gebruikte stokken als geweren waarmee ik regelmatig mijn poppen doodschoot. Dat ging verder helemaal goed. Tot de puberteit, toen werd het allemaal een beetje erg verwarrend.

Jongetjes zijn jongetjes en meisjes zijn meisjes en die zijn nou eenmaal met andere dingen bezig. Op de basisschool beginnen de verjaarspartijtjes nog gemengd, maar gaandeweg gaan jongens alleen nog maar met jongens om en vice versa. Beide groepen moeten weinig van elkaar hebben: jongens zijn stom – meisjes zijn stom. Dat komt doordat de hormonen tijdens de zwangerschap die splitsing jongetjes-meisjes hebben gemaakt. En die twee hebben niks met elkaar. Beide groepen zouden perfect tevreden zijn als de andere groep van de aardbodem verdween.

Dat zou levenslang zo blijven tot ieders tevredenheid, als alweer de hormonen niet een paar jaar later gingen maken dat die jongetjes die meisjes bij nader inzien toch niet zo stom vonden en andersom. Maar dat duurt nog even. Ondertussen zit het jonge kind in die enige, korte, levensfase die niet gedomineerd wordt door sex. Niet door sex, maar wel door bevrediging: je zin krijgen, snoep, aandacht. En om die bevrediging te krijgen, kunnen ze ook zo heerlijk zeuren tot de moderne ouder het opgeeft en ze hun zin geeft.

'*Een kinderhand is gauw gevuld.*' Dit is nou een voorbeeld van een tegeltje dat zo in de prullenbak kan. Letterlijk is het natuurlijk helemaal waar, er past immers niet veel in die kleine handjes. Maar verder zijn kinderen onverzadigbaar in hun behoeften en als je er geen rem op zet, bedenken ze steeds wel iets nieuws om over te dreinen. Een mogelijke vervanging voor de nu ontstane lege plek op de toiletmuur:

Een pasgeboren baby
is als een onbeschreven blad
Maar wat je er ook op schrijft
er verandert altijd wat

We zijn grote kinderliefhebbers met z'n allen. De frisse onschuld, de onbevangenheid, de nog niet onderdrukte spontaniteit om zomaar alles te zeggen dat bij ze opkomt. Heerlijk gewoon. Toch? De glimlach van een kind, was dat ook weer niet wat je deed beseffen dat je leeft?

We hebben het hier natuurlijk alleen over ónze kinderen. Andermans kinderen, die zijn slecht opgevoed, brutaal en lawaaierig. Daar wil je zo weinig mogelijk mee van doen hebben. Maar ja, we kunnen niet zonder. Geen kinderen, geen toekomst. En de jeugd, die had toch de toekomst? Je houdt je hart vast hoe die toekomst er straks uit zal zien als dat verwende volkje straks groot is. Ondertussen is de geplande nieuwbouw van een school in je straat reden voor een bezwaarprocedure wegens te verwachten overlast en waardedaling van je huis.

Als het over onze eigen kinderen gaat, zijn we ervan overtuigd dat hun goede eigenschappen te danken zijn aan onze voortreffelijke opvoeding, bij de mindere kanten verdenken we toch sterk de erfelijke component van de partner (*'Jouw grootvader was toch ook zo druk?'*) Als laatste redmiddel hebben we eventueel de invloeden van buiten. (*'Hij is zo druk door de kleurstoffen in snoep'* of *'Hij wordt zo agressief door die computerspelletjes.'*)

Gaat het over de kinderen van anderen, dan draaien we de argumentatie om: alles wat er niet aan ze deugt, ligt aan de gebrekkige opvoeding van hun ouders en dat er toch nog wat van ze terechtkomt, ligt aan die paar aangeboren talenten die ze nog net hebben meegekregen.

Dolores: *Zo'n 75 procent van de Nederlandse ouders is behoorlijk tevreden over de opvoeding van de eigen kinderen, men geeft zichzelf een dikke zeven. Dat kroost is dus*

ook goed opgevoed, vriendelijk en voorkomend. Dus moet het wel heel erg meevallen met de klacht over de ongemanierde jeugd, nietwaar?
Van diezelfde ouders ergert zo'n 75 procent zich echter aan de kinderen van anderen: dat zijn van die luidruchtige, ongemanierde verwende mormels, die door hun ouders niet worden opgevoed.
???????????
75 + 75 = 150 procent, leerden we op school nog in de tijd dat het onderwijs nog goed heette te zijn. En 150 procent bestaat niet. Het kan dus niet anders dan dat een deel van die kinderen die door hun ouders als lieve, wellevende schatjes worden beschouwd, door de buren als vervelende ettertjes worden ervaren.
Geeft te denken niet? Niet zozeer over ons kroost, maar over onszelf. Kijk eens wat vaker in de spiegel zou ik zeggen. Maar dan niet alleen of je haar wel goed zit.

Aan die genen kunnen we niks meer veranderen. De opvoeding daarentegen, die hebben we in eigen hand. En dat valt om de dooie dood nog niet mee, ouders vinden het een ingewikkelde klus. Vandaar dat ze hulp krijgen van batterijen deskundigen op tv, in tijdschriften en op de Riagg.

Nou, die kunnen nu een uitkering gaan aanvragen. We gaan hierbij wat werkgelegenheid verloren doen gaan bij pedagogen, bladenmakers, televisiezenders en *nannies* door een goed bewaard geheim te verklappen. Ga er eens rustig voor zitten, hier komt ie: kinderen opvoeden is helemaal niet moeilijk!

Dat mag eigenlijk niet gezegd worden. In de eerste plaats omdat er een miljoenenindustrie draait op het schuldgevoel van ouders die bang zijn dat ze hun kinderen tekort doen. Uitgevers, televisiezenders en niet te vergeten speelgoedwinkels verdienen een dik belegde boterham aan de ouderlijke twijfel.

Maar dat het niet gezegd mag worden, is niet alleen omdat het grootkapitaal zijn melkkoe niet kwijt wil. De doorslaggevende factor is dat al die ouders die van zo'n makkelijke taak een zooitje maken, die boodschap helemaal niet willen horen.

Zolang iedereen het er maar over eens is dat het opvoeden van kinderen moeilijker is dan het bedenken en uitwerken van de relativiteitstheorie, is de naakte waarheid dat het in veel gevallen niet zo goed wil lukken met die opvoeding heel wat beter te verteren.

DAT MOET NU MAAR EENS AFGELOPEN ZIJN!

Die vanouds bekende drie R-en, Rust, Reinheid en Regelmaat zijn geen gek begin. Een beetje jaren vijftig die Rust en Reinheid, maar kwaad kunnen ze niet. Eigenlijk zou die ene R van Regelmaat al volstaan. Rust en Reinheid slaan eigenlijk ook op Regelmaat, je moet voldoende nachtrust hebben, dus op een vaste tijd gaan we naar bed, of er nou iets leuks op de tv is of niet. Zo zit het ook met die Reinheid, op zichzelf is dat geen doorslaggevend opvoedkundig thema, maar als je iedere dag op een bepaalde tijd onder de douche gaat, zoveel keer per dag je tanden poetst, dan is dat ook een Regelmaat. En je komt later makkelijker aan een partner als je niet stinkt.

Je hoeft geen universitaire opleiding te hebben genoten om tot de conclusie te komen dat kinderen dol zijn op Regelmaat. Pas tegen de puberteit begint dat een beetje af te nemen, dan willen ze op avontuur en dat laat zich (schijnbaar) slecht combineren met Regelmaat. Schijnbaar, want altijd de halve nacht op je kamer tv kijken en dan tot twee uur in je bed rotten, is ook Regelmaat.

Is dat alles, is opvoeden alleen maar regelmaat?

Nee, maar wat er verder bij komt kijken, is ook geen hogere wiskunde. Wat te denken van warmte en veiligheid? Moet je professor in de kwantummechanica zijn om te snappen dat het goed is voor een kind om zich genegen en veilig te voelen, om een knuffel te krijgen?

En wat te denken van duidelijke regels stellen en grenzen trekken en je daar consequent aan houden? We hebben als Hollanders toch altijd overal een mening over en staan toch altijd klaar om anderen te vertellen hoe de dingen moeten? Nou, waarom vertellen we het onze eigen kinderen niet? Zo laat mag hier in huis de tv aan en zo laat gaat hij weer uit. Daar hoef je ook al geen genie voor te zijn.

Peer: *Zeventig procent van de Nederlandse gezinnen eet een paar keer per week met het bord op schoot voor de tv. Oei, foute boel, als de sodemieter allemaal aan tafel en daar dat dagelijkse goede gesprek voeren. Toch? Natuurlijk is een onderzoeker als de drommel met het thema aan de haal gegaan. Uitslag van het onderzoek: voor de tv eten is niet ongezonder.*

Niet ongezonder?

Nee, want de ouders zitten daar meestal ook bij tv te kijken, en dus eten de kleine schatten gewoon hun bordje leeg. Het leidt dus niet tot vitaminegebrek en soortgelijke schade.

???????

We zullen het er maar op houden dat de onderzoeker in zijn jeugd zelf te weinig broccoli heeft gegeten. Wie interesseert het nou of ze voor de tv gezond eten? Het punt is natuurlijk dat ze voor de tv eten en geen stom woord meer met elkaar wisselen. 'Hoe was jouw dag, wat hebben jullie op school gedaan, heb je gewonnen met voetballen?'

Zo moeilijk is opvoeden nou...

Als bonus doen we er nog een tegeltje bij. Het kan het geen kwaad je kinderen ook wat maatschappelijk besef bij te brengen. Geef ze dan de suggestie mee zich ook eens te verplaatsen in de leefwereld van anderen en zelf na te denken wat ze daarvan vinden. Kwestie van dat tegeltje opduiken op de rommelmarkt en in het toilet hangen: *'Doet een ander niet, wat u niet wilt dat u geschiedt.'*

Nou, dan hebben we het toch echt gehad met die opvoeding. Dus gaan we vanaf nu de norm veranderen: opvoeden is niet langer moeilijk. Het is geen godswonder of bovennatuurlijke prestatie als er iets van terecht komt, het is een vanzelfsprekendheid. Opvoeden is gewoon makkelijk.

Klaar is Kees, basta, finito. Zo, in één pagina is hier voor honderd miljoen euro aan geheimen verklapt.

Het abonnement op *Ouders van Nu* kan veilig worden opgezegd en in plaats van al die tv-programma's over opvoeden heb je nu 's avonds alle tijd voor een goed gesprek met je partner. Of om nog een kindje te maken.

Peer: *Vrouwen zijn toch betere opvoeders dan mannen?*

Dolores: *Absoluut. We zijn zorgzamer en compassioneler. En we vinden opvoeden belangrijker dan mannen.*

Peer: *Maar hoe komt het dan dat juist vrouwen altijd maar twijfelen over de opvoeding en zich schuldig voelen? Mannen hebben daar minder last van.*

Dolores: *Dat komt omdat jullie maar wat aanrommelen. Wij proberen het goed te doen.*

Peer: *Maar als je continu twijfelt, ben je toch een zoekende en zwalkende opvoeder? Dan is de duidelijkheid van ons toch beter?*

Dolores: *Die zogenaamde duidelijkheid van jullie is meestal gewoon de kortste weg om van het gezeur af te zijn. Door iets botweg te verbieden of het kind naar zijn kamer te sturen, los je het probleem niet op. Daarnaast is het vreselijk belangrijk dat de ouders op één lijn zitten en elkaar niet ontkrachten.*

Peer: *Maar als jullie aarzelen en zwalken en wij een rechtlijnig antwoord hebben, is het dan toch niet beter om onze lijn te volgen, beter een beperkte maar gezamenlijke lijn dan geen lijn...?*

Dolores: *Dat is nou weer typisch mannelijk, jullie redeneren altijd naar jezelf toe.*

Peer: *En dat is nou weer typisch vrouwelijk, jullie kammen altijd onze oplossingen af maar komen nooit met een eigen oplossing.*

Natuurlijk, we zijn de kwaadste niet, er zijn een paar verzachtende omstandigheden. Je bent alleenstaande ouder met baan en je kind heeft ADHD. Of je bent psychiatrisch of verslaafd en stort regelmatig in een psychose of wordt opgenomen. Of...

Maar deze uitzonderingen zijn dus, zoals het woord al zegt, uitzonderingen.

Als je je kind geen ontbijt geeft of de halve nacht tv laat kijken, dan moet je niet verbaasd zijn dat het op school niet zo goed gaat. Als je tachtig uur van de week aan je carrière besteedt, moet je niet vreemd opkijken als je op een goede dag uitgenodigd wordt op het politiebureau waar je zoon van elf zit voor een gewapende overval.

Peer: *Klagen over de jeugd van tegenwoordig en mijmeren dat het onderwijs vroeger toch echt veel beter was, is van alle tijden. Al vanaf de oude Grieken zijn dergelijke verzuchtingen overgeleverd. Ik gok dat niet alle vakken die in de tijd van Socrates op het rooster stonden nu nog door de schoolinspectie gewaardeerd worden of afdoende zijn om het vmbo te halen. Maar ook hier weer, de verzuchtingen zeggen meer over de klager dan over de jeugd of de stand van zaken in het onderwijs.*

Sinds de Griekse tijd is de wereld behoorlijk veranderd, maar om nou eenvoudigweg te zeggen dat we in een glijdende schaal achteruit gekacheld zijn, dat is wel erg simpel.
Was dat geïdealiseerde onderwijs van 25 jaar terug echt zo goed? Dan heb ik zeker op de verkeerde school gezeten. Ik herinner het me als een uitputtingsslag, slechte methoden, vaak ongeïnteresseerde (en soms volslagen maffe) leerkrachten die precies deden wat ze zelf leuk vonden, totaal niet ingespeeld op pubers, uitgeblust en inspiratieloos.
Maar daarin ben ik blijkbaar de enige?

Zo simpel als opvoeden dus is, toch maken we er met z'n allen een enorme zooi van. En wie krijgt altijd maar weer de schuld? De *jeugd van tegenwoordig*. Nee, het zijn de OUDERS VAN TEGENWOORDIG!

Hun grootste makke? Ze zijn bang. Bang om op te voeden, bang dat hun kroost boos op ze wordt! Dat hun kind ze niet meer aardig vindt!

Op naar de rommelmarkt maar weer, op zoek naar dat tegeltje: '*Zachte heelmeesters maken stinkende wonden.*'

Ouders die niet durven op te voeden maken verpeste kinderen.

Ouders: als je al die tijd dat je nu zeurt over je kroost gaat besteden aan dat kroost, dan komt het vanzelf goed. Dus: aan het werk, ga nou maar eens opvoeden!

Tip:
Op hondentraining

Zou het niet heerlijk zijn als die kleuter van je niet altijd precies dat onderste blik doperwten uit de kunstig gestapelde pyramide in de supermarkt zou trekken? Of net de winkel uit zou rennen terwijl jij halverwege bent met het aanpassen van dat leuke bloesje?

Dat is helemaal niet zo moeilijk te bereiken. Koop een puppy'tje en ga daarmee op hondentraining. Let goed op en kijk hoe de trainer de puppy's tot nette honden maakt. Pas dat vervolgens toe op je eigen kleuter. Succes gegarandeerd. Bij 'af!' blijft hij van dat blik doperwten af, bij 'zit' blijft hij wachten tot je weer decent gekleed je kleedhokje uit kunt.

Zielig voor de kleine? Helemaal niet. Mensen en honden zijn allebei groepsdieren. Je moet al jong leren wat je plaats in de groep is en welk gedrag er van je verwacht wordt. Kinderen zijn geheel afhankelijk van volwassenen en dus graag bereid te leren wat hun rol is. De kleine puppy krijgt commando's van zijn baasje, maar is dol op datzelfde baasje. Het baasje stelt grenzen en corrigeert de pup, maar is ondertussen dol op zijn hondje.

Raar? De beroemde *paardenfluisteraar* Monty Roberts gaat nog een stapje verder. Scholen voor moeilijk opvoedbare kinderen in Engeland gebruiken met veel succes een door hem ontwikkelde methode om de kinderen te *temmen*. De methode is gebaseerd op zijn ervaringen met wilde mustangs die hij met zachte middelen zadelmak weet te maken. Hij heeft ook een opvoedkundig boek voor ouders geschreven.

Tip:

Niet de perfectie willen

Misschien net zo erg als de ouders die niet opvoeden, zijn de ouders die het perfect willen doen. Die raken uitgeput, gedeprimeerd en teleurgesteld. De perfecte ouder (en dus het kind dat perfect op jouw opvoeding reageert) bestaat niet. En gelukkig maar.

Een opvoedkundig boekje hier of een tv-programma daar kunnen natuurlijk helemaal geen kwaad, maar ga er niet van uit dat de werkelijkheid nou echt op commando alles laat gebeuren zoals beschreven in je handleiding. Je zal zien dat het net jouw baby is die dat sprongetje overslaat of pas een half jaar te laat begint met praten.

De naar perfectie strevende ouder raakt gefrustreerd en het niet-perfecte kind voelt haarfijn aan dat het niet aan de verwachtingen voldoet en gaat er ook al niet beter van in het velletje zitten.

En zeker niet gaan proberen je kind tot een genie te maken! Dat is vragen om ellende. Ja, ze zijn er, allerlei methoden en zelfs babyscholen waar, soms als voor de geboorte, gewerkt wordt aan het geniaal maken van je kind. Draai tijdens de zwangerschap vooral Mozart als je dat leuk vindt, maar verwacht niet dat er straks een kleine muzikant geboren wordt. En in het Oud-grieks de socratische principes met je baby doornemen, dat leidt ook tot niks.

Die babyhersentjes moeten al keihard werken om al die nieuwe indrukken te verwerken, hun ouders (en hun eigen handjes) te leren herkennen, te leren praten en lopen. Moet je daar vooral nog meer prikkels bij doen.

Het werkt niet. Onderzocht en bewezen.

Opvoedboek wegleggen dus, gewoon een leuke film gaan kijken of wellicht beter nog voor de opvoeding, met je partner romantisch uit eten. Twee relaxte ouders die ontspannen een paar simpele opvoedregeltjes hanteren, is voorlopig nog altijd het beste recept.

De onschuld raakt
verloren
de werkelijke mens
geboren

De puberteit – eindelijk sex

HORMONEN

En dan begint het: de schattigheidsfactor is er al een tijdje af, die kleine schatten worden nukkig en zoeken overal ruzie over. Uiterlijk is er vaak nog niks te zien, maar de puberteit kondigt zich reeds aan.

Nog voordat de hormonen het lichaam gaan doen veranderen, gebeurt er iets anders. Waar na de kleutertijd jongens strikt met jongens optrekken en meisjes met meisjes, krijgen beide groepen opeens heftige belangstelling voor elkaar. Het draait allemaal om elkaar heen en daagt elkaar eindeloos uit. De eerste ongeconsumeerde verkeringen worden (al dan niet via MSN) afgesloten en wellicht zelfs de eerste kusjes gestolen.

Ondertussen maakt dat lichaam overuren om de benodigde dosis hormonen aan te maken. En ja hoor, daar komen ze: de schaamharen, de borstjes, de pukkels. En dat lijf ondertussen maar doorgroeien en die ledematen maar over elkaar struikelen.

De borsten en erecties worden groter en groter, net zoals de woorden. Goed gebekt en gekapt en gekleed zoals het hoort, stralen de pubers uit dat ze nu wel *streetwise* zijn en alles onder controle hebben. Welkom in de grotemensenwereld. Vanaf nu draait alles om SEX.

Dolores: *Het zijn niet alleen de lichamelijke kenmerken van het puberlijf die nu in hoog tempo worden uitgerold. Na de babytijd is dit de tweede periode waarin de hersenen overuren maken.*

De kinderhersenen stellen zich in deze jaren in op het leven als volwassene en dat is behoorlijk ingrijpend. Het duurt tot ze een jaar of 25 zijn voordat de hersenen klaar zijn. En tot die tijd zijn onze pubertjes eigenlijk een soort van ontoerekeningsvatbaar. Kunnen zij het helpen dat al die honderden chemicaliën door hun hoofd suizen en dat er allerlei nieuwe verbindingen in hun koppie tot stand moeten worden gebracht?

De hersenen gaan zich sterk richten op de omgeving waarin de bijna-volwassene straks als groot mens moet zien te functioneren. Beetje onhandig daarbij is dat het juist de frontaalkwab van die hersenen is die zich op het laatste nippertje nog bij de rest voegt en als laatste klaar is met groter groeien. En laat nou juist in dat deel van de hersenen zaakjes als plannen, impulscontrole en compassie worden geregeld...

En dat zijn natuurlijk weer juist van die dingen waarvan het gemis ervan ze door hun getergde ouders voortdurend verweten wordt.

De arme ouders hebben het ondertussen zwaar. Er is veel lawaai en ruzie in de tent. En natuurlijk kiest kindlief precies die ontmaagder uit waarvan je van een kilometer afstand al kunt zien dat het niet alleen niets gaat worden, maar dat die ook nog eens liefdeloos misbruik gaat maken van je prille dochter.

De vaders worden nu op hun beurt nukkig en jaloers, de moeders (die destijds precies dezelfde verkeerde jongens hadden uitgekozen om door ontmaagd te worden) proberen hun kind te behoeden voor de in het verleden gemaakte fouten. Vergeefs natuurlijk. Kon ik het nu nog maar eens overdoen met alles wat ik nu weet, somberen de moeders in het diepste geheim.

De puber zelf heeft geen tijd om zich bezig te houden met de zielenroerselen van de ouders, die is fulltime bezig met sex. Niet met het beoefenen daarvan, maar met het fantaseren daarover en het bepalen van zijn of haar marktwaarde op de sexuele markt. Dat is het enige wat telt; wie populair is, kan kiezen en wie overblijft is een loser. Het is dus van levensbelang cool te zijn en de sleutelwoorden daarvoor zijn knap – sexy – spontaan – kleding – haar. De coole jongens zijn stoer en *in control*, de coole meiden zijn wereldwijs en zelfverzekerd en hebben altijd hun woordje klaar.

En wie niet mooi en trendy is, die moet slim zijn. Niet letterlijk natuurlijk - nerds doen het slecht op de versiermarkt - maar slim genoeg om op een andere manier in de *picture* te komen, als de gangmaker, de clown of de leverancier van begeerlijke goederen als alcohol en wiet of oudervrije huizen in het weekend.

Ouders die de opvoeding nog niet helemaal succesvol afgerond hadden, kunnen het verder schudden: dikke pech, te laat.

En ouders die hun kind toch aardig gedrild hadden, kijken met afgrijzen toe hoe alles wat ze in al die jaren hebben opgebouwd ze zomaar uit handen lijkt te glippen. De tijd van de ouders is voorbij, het is nu de groep die telt. De groep geeft vanaf nu de norm aan en je plaats in de groep bepaalt je status.

Dolores: *Gelukkig maar dat ouders in hun diepste wezen hele optimistische wezens zijn die geloven in het goede. De meeste ouders hebben helemaal geen idee wat hun pubers buitenshuis allemaal uitvreten en eigenlijk willen ze dat ook helemaal niet weten. Wat je niet weet, daar hoef je je geen zorgen over te maken.*
Enig idee wat die kids allemaal zitten te chatten, internetten en webcammen? De kinderen zijn voorgelicht en weten allemaal dat ze veilig moeten vrijen als het zover is. Dat is in ieder geval een veilig gevoel.
Zou het heus? Zouden voorlichtingscampagnes het er zo goed ingeramd hebben dat te dronken zijn, er niet over durven beginnen, bang zijn om voor stom te worden uitgemaakt en gewoon geen condoom bij je hebben, verleden tijd zijn?
Niet echt.
Zo'n procentje of dertig van onze schatjes meldt gedurende de zomervakantie met meer dan vier personen van bil te zijn gegaan. En een kwart deed dat zonder condoom. En ook nog eens een kwart heeft achteraf spijt omdat ze apezat waren en nauwelijks tot niet meer wisten wat ze met wie hadden gedaan en waarom.
Groot gelijk van die ouders dat ze het liever niet weten. Je moet maar denken: er gaat een hoop goed in het leven. En met een beetje mazzel is dat ook het geval bij jouw puber en komt die over een aantal jaartjes vanzelf weer op zijn pootjes terecht en is die driftkikker een prachtige prins geworden.

Het zijn verwarrende tijden. Naast hun bruisende stoere zelfverzekerdheid staat een martelende onzekerheid. Maar wat wil je ook als net de dag voor het grote schoolfeest die puist op je neus zich in volle glorie manifesteert? Dan kan je toch net zo goed dood zijn?

Maar er is meer aan de hand dan een logische onzekerheid in een nieuwe levensfase. Hier verliezen de meiden de paar jaar voorsprong in ontwikkeling die ze op de jongens hebben. De onzekerheid van jongens heeft te maken heeft met concrete zaken (de steenpuist, verliefdheden, blauwtjes, de rol in de groep). Buiten die problematische toestanden gaan ze er niet erg onder gebukt. Bij de meisjes daarentegen ontwikkelt er zich een algehele onzekerheid, die weinig te maken heeft met de werkelijkheid. Het twijfelende zelfbeeld klopt niet met hoe mooi, populair of slank ze in werkelijkheid zijn. Het is gewoon nooit goed genoeg.

De martelende twijfels van de meisjes omvatten zo ongeveer alle aspecten van het leven.

En ze hebben er vaak een jaar of twintig voor nodig om langzaam weg te ebben en langzaam over te gaan in een gevoel van eigenwaarde.

Dolores: *Ik was veertien toen ik ontmaagd werd, ik was er vroeg bij, altijd haantje de voorste, grote bek en al behoorlijk ontwikkeld. Een echte Lolita, hoorde ik later. Zo'n meid waar hele volksstammen kerels met de tong uit de bek kwijlend achteraan lopen. Maar daar kom je pas later achter, als je niets meer hebt aan die kennis. Als ik nu foto's van mezelf uit die tijd zie, dan denk ik wauw, wat een prachtmeid. Maar toen, toen was ik stervensonzeker en ervan overtuigd dat ik spuuglelijk was.*

Hij was drie jaar ouder, het stuk van de school, met lange haren en een knette-

rende brommer. Een ervaren minnaar, zo was me gesuggereerd. Toen dan eindelijk puntje bij paaltje kwam, was hij zo dronken dat hij hem eerst niet overeind kreeg. Dat bleek geen toeval te zijn geweest, hij was als de dood, hij had het ook nog nooit gedaan. Maar dat kon hij natuurlijk niet toegeven. Toen het er uiteindelijk dan toch van kwam, was het zo voorbij, een seconde of tien op zijn hoogst. Is dit nou alles?, dacht ik teleurgesteld.

EINDELIJK SEX

Maar daar kunnen de puberjongens natuurlijk niet op wachten, die knallen zo ongeveer uit elkaar van de sexuele spanning. Hun moeders hebben het er maar druk mee om al die vlekken weer uit de lakens te krijgen. En dan draaien de meiden ze een loer die ze niet licht zullen vergeten: die keuren de jongens van hun eigen leeftijd geen blik waardig, maar geven hun gunsten aan de jongens die twee klassen hoger zitten, de likkebaardende puber uit eigen klas in woede en vernedering achterlatend.

Die puberjongens zweren wraak, hun tijd komt nog wel, wacht maar af. Het is hierdoor (en niet omdat ze zo nodig een knap strak jong ding willen hebben) dat oudere mannen zelden gaan voor een vrouw van eigen leeftijd. Laat die maar in eenzaamheid verzuren, eindelijk kunnen ze de rollen omdraaien en wraak nemen!

En dan is het zover, die pubers moeten er aan geloven, tijd voor de EERSTE KEER.

Jaren ben je doodgegooid met insinuaties over sex, heb je ervan gedroomd, stiekem boekjes of sites bekeken en er tegen aan zitten hikken. Op de een of andere manier lukt het die eerste keer toch meestal weer om onverwacht te komen. Je staat allebei stijf van de drank om de zenuwen onder controle te houden en zit te piekeren hoe je het er een beetje professioneel uit kunt laten zien.

Condooms? Shit, niet bij je. Moet je daarover beginnen, nee toch maar niet, dat staat stom. Zou het pijn doen? Hoor je daar iemand op de trap? O nee, toch niet. Auw! Dat doet pijn. Niet dat stomme vlies, maar omdat die klojo hem hardhandig naar binnen propt terwijl jij van de zenuwen zo droog bent als de Sahara. Hij stopt verschrikt, wat nu? Toch maar dapper doorgaan? Een, twee, drie... klaar!

Is dit nou leuk? Is dit nou waar je al die tijd zo naar hebt uitgekeken? Waar iedereen het altijd maar weer over heeft? Moet je dit nou voortaan 2,1 keer per week gaan doen?

Peer: *Ik was niet zo heel populair op school, maar op vakantie ging alles anders. Op de camping had ik een Duits meisje leren kennen. En bij gerucht had ik vernomen dat Duitse meisjes heet waren. Dat leek in dit geval inderdaad zo te zijn.*
Zij nam het initiatief en zo ontmaagden wij elkaar zenuwachtig in die stikdonkere tent, terwijl mijn ouders hoorbaar naast de tent aan het borrelen waren met de buren. Het was een reuze gerommel in het donker, maar uiteindelijk lukte het ons alle vereiste onderdelen op de juiste plaats te krijgen. Toen ik na de daad het condoom (dat ik voor het onwaarschijnlijke geval dàt..., van mijn ouders had gekregen) afstroopte, schrok ze zich rot. Ze dacht dat mijn huid eraf kwam.
Het is bij die ene keer gebleven, ze meldde me in de dagen erna dat ze alleen haar voornemen om niet als maagd naar huis terug te keren had uitgevoerd verder geen belangstelling voor me had.

Beter één vlinder
in de buik
dan honderd
opgeprikt

Verliefdheid, daten & verkering

HEERLIJK VERLIEFD

Verliefdheid is een bijna permanente staat in een tienerleven. Van *himmelhoch* als het aan gaat naar *deep down* als het weer uit is. Met de jaren neemt de verliefdheidsfrequentie af, helemaal verdwijnen doet ze nooit. Twintigers leren het maar langzaam af.

Het valt ook niet mee om er weerstand aan te bieden, in je hersenen suist ongeveer de inhoud van een chemische fabriek rond. Dopamine, noradrenaline, fenylethylamine, serotonine en wat voor stoffen al niet meer sturen constant hun boodschap door de synapsen om beurtelings vlinders in de maag, hartkloppingen, zweet, lust, euforie of verdriet op te roepen. Feromonen, de geur- en lokstoffen die we uitsturen, moeten de potentiële geliefde nog eens extra overtuigen. De verwarrende, maar veelal ook grootse gevoelens kunnen zelfs leiden tot heuse verliefdheidsjunkies, mensen die zich van verliefdheid in verliefdheid storten omdat ze niet meer zonder de kick kunnen.

Eigenlijk zou verliefdheid onder de Opiumwet moeten vallen.

Dolores: *De feromonen heb je nodig om succes te hebben. De wat? De feromonen. Dat zijn de geurlokstoffen die dieren verspreiden waarmee bijvoorbeeld een mannetjesvlinder van kilometers afstand ruikt dat er een bevruchtbaar vrouwtje in de buurt is.*

Natuurlijk kan je om een leuke heer aan de haak te slaan een flesje met kant-en-klare vrouwelijke feromonen aanschaffen bij dubieuze webshops ('Succes verzekerd!!!')*, maar waarschijnlijk is het toch beter en ook nog eens goedkoper om met je eigen doe-het-zelfpakket aan de slag te gaan. Met parfum, hoe duur ook, trek je geen mannen. Op z'n best voel je jezelf prettig bij dat luchtje. Feromonen opereren op een lager niveau: zweet en vaginaal vocht, daar voelt een beetje feromoon zich pas echt in zijn element. En laten dàt nou juist de luchtjes zijn waar de moderne vrouw zich suf aan werkt om ze kwijt te raken. We poetsen en soppen en rollen met de deo dat het een aard heeft en dus heeft de arme feromoon geen schijn van kans meer. Mensen hebben twee soorten zweetklieren. En laat het nou juist in de behaarde lichaamsdelen als oksels en schaamhaar zijn dat het zweet de felbegeerde lokstoffen bevat. En wat doen we, we scheren al dat warme (en dus zweetbevorderende) oksel- en schaamhaar af en beperken daarmee dus de feromoonproductie. Niet langer aarzelen single-zuster, maar aan de slag! Wat je te doen staat om al die voorbijlopende hunks subliminaal de boodschap te geven dat jij het bent waar ze achteraan moeten: stoppen met scheren en niet continu die doos soppen. Daarbij ook nog een rokje aan zonder slipje, zodat die feromonen lekker vrij rond kunnen vliegen en op het drukste terras hangt straks het manvolk kwijlend aan je voeten. SUCCES VERZEKERD! P.S. helemaal niet wassen, werkt tegengesteld. Dan gaan bacteriën aan de gang met je zweet en ga je alleen nog maar stinken.*

Als verliefdheid niet wordt opgenomen in de Opiumwet, dan is begeleiding door een psychiater wellicht een goede optie.

Verliefde mensen zijn eigenlijk psychiatrische gevallen. Op de universiteit van Pisa hebben ze ontdekt dat verliefdheid veel te maken heeft met dwangneurose. Dat lijkt nogal logisch: als je verliefd bent, kan je nog maar aan één persoon denken en die gedachte kan je niet meer loslaten. Pure dwang dus.

En dat blijkt ook terug te vinden in de chemische fabriek tussen de oren: zowel dwangpatiënten als verliefden hebben een sterk verlaagd serotonineniveau in de hersenen.

Laat het een troost zijn, dwangneuroses zijn goed behandelbaar. Dus als je met een langdurige, onbeantwoorde verliefdheid zit, die maar niet wil slijten, klop dan aan bij je *shrink*.

Dolores: *Ik was vroeger altijd verliefd, heerlijk!*
Peer: *Ik was vroeger ook altijd verliefd. Vreselijk!*
Dolores: *Maar verliefdheid is toch het mooiste wat er is, de hartkloppingen, de verwachtingen, je willen verliezen in de ander...*
Peer: *Jij had zeker vaak succes...?*
Dolores: *Ja, daar zorgde ik wel voor.*
Peer: *Maar stel nou dat iemand weinig succes heeft, dan zijn diezelfde gevoelens die je daarnet beschreef toch een kwelling, een soort marteling die steeds weer opnieuw begint...*
Dolores: *Voel ik hier een autobiografisch element?*
Peer: *Nee hoor, helemaal niet, allemaal uit de vakliteratuur...*

Dolores: *Doei!*

Peer: *Nou ja, ik werd altijd verliefd op mooie meiden... En die zagen me natuurlijk niet staan, ik was niet zo'n bink en had altijd de verkeerde kleren aan. Dus dat werd nooit iets.*

Dolores: *Maar dan had je toch ook verliefd kunnen worden op soortgelijke tutjes met verkeerde kleren?*

Peer: *Zeg, waar zie je me voor aan!*

DATEN EN DE WARE

Het leven van de twintigers staat in het teken van de heilige drie-eenheid: daten – verliefdheid – verkering.

In deze levensfase bestaat de *Happy Single* nog, zolang dat single maar niet te lang duurt en alleen maar een aanloop is voor de volgende liefde. De hormonen bruisen nog lustig en we lopen onze pik achterna of anders wel die eeuwige vlinders in de buik. Met de jaren wordt de sex beter, ervaring maakt de meester. Hoe is het toch mogelijk, vraag je je later af, dat je voor een brommer een diploma nodig hebt en dat die eerste keer zomaar op de bonnefooi mocht?

De sex wordt ook wat uitgebreider, er komen nieuwe posities bij, en dingen die je eerst te vies vond om je zelfs maar voor te stellen, zoals pijpen en beffen, gaan nu in het standaardpakket zitten.

Dolores: *Verliefdheid heeft alles te maken met sex. Ook al doe je het niet en ook al gaat het je bij die ander niet in de eerste plaats om sex. Het zijn die hormonen weer die je op scherp zetten, je bent alert op een mogelijke partner. Het is dan ook nogal wiedes dat je op latere leeftijd minder snel verliefd wordt.*

Gelukkig maar, het is een emotie die nogal wat energie vreet. En die energie heb je later nog hard nodig voor die mooie carrière van je, of voor het opvoeden van dat stuiterende ADHD-kroost van je.
Maar helaas – hoe onromantisch – verliefdheid is heel goed uit te schakelen. Net zoals je sexuele opwinding kunt onderdrukken, kan je dat ook met verliefdheid. Dat is een staat van zijn die alleen maar bestaat bij de gratie van het feit dat je hem toestaat.
Daarom blijf je meestal langer verliefd op iemand die je niet durft te benaderen dan op iemand die je heeft afgewezen. Een afgewezen verliefdheid is minder leuk en dus stop je er maar mee.

Tegen de tijd dat de datende jongens en meisjes de dertig hebben bereikt, blijkt vrijheid helemaal geen blijheid. Als je de ware nog niet hebt gevonden, dreig je uit de boot te vallen. Alle leuke mannen zijn al voor je neus weggekaapt. Vanaf nu moet de jacht serieus beoefend worden.

Het speelveld is nu aan de dames die, aangevuurd door hun glossy's, doelbewust op pad gaan.

De mannen zijn hier nauwelijks partij in. De ene soort (jawel dames, er zijn twee soorten mannen) zijn de brave sukkels, die hebben zich al lang door een vrouw laten toe-eigenen. *'Jij wilt graag samenwonen? Huis kopen? Trouwen? Kindjes maken? Goed, doen we.'*

Die mannen zijn dus van de markt. De andere mannensoort, dat zijn de mannen die zich niet kunnen binden. Niet precies het soort om een langdurige relatie mee op te bouwen natuurlijk. Maar zij zijn nog in de markt, met als gevolg dat al die zoekende dames voortdurend weer daten met de mannen met bindingsangst en dus steeds maar niet die vaste relatie krijgen die ze zo graag willen hebben. De grote winnaars: die kerels die zich niet willen binden, die hebben een ruime keus aan willige zoekende vrouwen.

Naarmate de dames ouder worden, stellen ze ook nog eens de eisen hoger. Het verlanglijstje is sinds de puberteit aanmerkelijk langer geworden. Hij moet niet gewoon een aardige vent zijn, lekker vrijen, succesvol en humoristisch zijn, een goede luisteraar en prater, maar liefst ook nog een stuk. Vrouwen vallen op gespierd en breedgeschouderd. Die paar iele mannetjes die nog vrij rondlopen op de markt worden natuurlijk genegeerd.

Tja...

De meest beroemde tekst van spierbundel Tarzan is nog altijd: '*Me Tarzan, you Jane!*' Dat belooft wel wat voor een stevige omarming, maar dat goeie gesprek...? (Mannen die het nodig vinden zoveel tijd in de sportschool door te brengen, zouden die wellicht iets te camoufleren hebben?)

Dolores: *Als je iemand voor het eerst ontmoet, vorm je in ongeveer twee seconden een mening over die persoon. Dat doen zowel mannen als vrouwen. Je gebruikt voor die mening een heel scala aan onbewuste veronderstellingen (mooie mensen zijn aardig en betrouwbaar), vooroordelen (mannen met doorlopende wenkbrauwen zijn crimineel) en ervaringen (die vrouw lijkt op mijn moeder en is dus lief).*
Deze eerste indruk is later ook bij een grondige kennismaking vrijwel niet meer om te buigen. Je zal steeds zoeken naar die dingen die de eerste impressie lijken te bevestigen.
Daarom dames: ga nooit in je ouwe kloffie met ongewassen piekhaar naar een feestje of een borrel. Je weet maar nooit wie je tegenkomt. Als die eerste impressie

was dat je net een heks leek, kom je daar van je leven niet meer van af. Altijd opdoffen dus!

Er is trouwens iets vreemds aan de hand met die jacht op relaties.

Die jacht voldoet helemaal niet aan de principes van de vrije markt die stellen dat schaarste vraag creëert. Is er te weinig olie, dan stijgt de vraag en daarmee de prijs van benzine. Bij sex kan je stellen dat het aanbod ongeveer gelijk is aan de vraag: er zijn ongeveer evenveel mannen als vrouwen op de wereld. Lekker simpel, iedere vrouw krijgt een man toegewezen, klaar, iedereen *happy*. Heb je een verkeerd exemplaar gekregen, even ruilen met de buurvrouw en alles loopt weer op rolletjes.

Hoe kan het dan zijn dat zo'n groot deel van ons allemaal er maar niet in slaagt die prins of prinses aan de haak te slaan om nog lang en gelukkig mee door te leven? Tuurlijk, niet iedereen voldoet aan je eisenpakket. Maar zoals het tegeltje stelt: '*Op ieder potje past een dekseltje.*'

Dus ook de nerd en de dikzak moeten hun nerdin of dikzakkin kunnen vinden.

En wat willen we nou uiteindelijk? De man wil een gegarandeerde sextoevoer en de vrouw daarnaast ook nog een stabiele relatie met een man met wie ze kan praten.

Om met de sex te beginnen. Het maakt weinig uit of je nou een mooie of een lelijke vrouw in bed hebt. Voor heterosex moet ze aan één belangrijk criterium voldoen: ze moet een vagina hebben. Nou, dat hebben ze allemaal. Of ze mooi is, dat is slechts een *first impression*, haar gezicht, haar figuur. Maar weet jij veel, misschien heeft die mooie dame wel hangtieten of is ze frigide. En wellicht heeft die andere dame, die niet voldoet aan het slankheidsideaal, wel lekkerder rondingen. En heeft iemand ooit gezegd dat mooie vrouwen lekkerder vrijen? Zeg nou zelf, als je voor de komende decennia moet kiezen tussen een mooie vrouw die niet lekker vrijt en een minder mooie die in bed niet te houden is? Dan weet je het toch wel als beetje kerel?

Peer: *Dames, het is nu genoeg geweest met die kaalgeschoren kutjes. Doe iets creatiefs met je schaamhaar, scheer er een hartje van of verf het groen, maar die kale kleuterkutjes, dat moet echt gedaan zijn. En dat geldt natuurlijk al helemaal voor het bijsnijden van schaamlippen. Oudere meisjes die doen of ze nog op de basisschool zitten. Een beetje kerel krijgt er bijna een schuldgevoel van. Hallo daar, contact! We zijn geen pedo's!!!*

Dolores: *Ook bij de heren zien we de afgelopen jaren zo min mogelijk haar. Borsthaar is taboe verklaard. Dat is waarschijnlijk onbewust de ultieme wraakneming van de vrouwen: laat die kerels nou maar eens lekker harsen!*
Maar lieve dames, een waarschuwing is op zijn plaats. Uit mijn periode als callgirl heb ik zelf de ervaring overgehouden dat harige mannen betere minnaars zijn. Diezelfde hormonen die dat haar doen groeien doen ook andere lichaamsdelen en de lust groeien.
Enne... mannen zonder schaamhaar moeten verboden worden. Met een erectie zijn er nog afleidende omstandigheden, maar in ruststand is het zo'n zielig kaal geplukt kippetje... bah!

En die vent om goed mee te kunnen praten dames, die is lastig te vinden.

De man is niet *WYSIWYG* (*What You See Is What You Get*). De man waarop je valt, is namelijk niet de man die je krijgt. Dat zit zo: zolang hij nog moeite voor je moet doen, zal een man zeer geïnteresseerd naar je zielenroerselen luisteren. Hij weet dat hij hier doorheen moet om in je bed te belanden. Die kerel van je die nooit over z'n gevoelens wilt praten, is dat dezelfde als die man die destijds, toen jullie elkaar net kenden, zo gloedvol over kunst en poëzie sprak?

Op het moment dat je tot de sexuele vanzelfsprekendheden in zijn leven bent gaan behoren, verdwijnen zijn luisterend oor en lust tot een goed gesprek als sneeuw voor de zon en worden je diepste zielenroerselen opeens gedegradeerd tot gezeur.

Het is net als met beleggen, je neemt op basis van de vage voorspellingen in het heden een beslissing voor later. Dus ook voor relaties geldt: in het verleden behaalde resultaten bieden geen garantie voor de toekomst.

Peer: 'Alles wat aan een man mooier is dan aan een aap is meegenomen', *zei mijn moeder altijd. Zij ging er daarbij, niet geheel in lijn met de biologie, van uit dat de mens een geheel nieuwe diersoort was. Niks van waar, we behoren gewoon tot de familie van de primaten, de apen dus. En we zitten in de subgroep mensapen. Sinds jaar en dag leeft het beeld dat de mens in de evolutie zijn haren is kwijtgeraakt en dat wat we nog over hebben, een restant is van de overbodig geworden vacht. Absolute kul, we zijn eerst kaal geworden en toen pas (niet in Afrika, maar in het barre noorden) in berenvellen gaan lopen. Waarom we kaal geworden zijn? Omdat onze soort dat sexy vond. Zoals de mannetjespauw zijn mooie maar onhandige staart alleen maar heeft om de vrouwtjes te imponeren, zo ontwikkelden wij een kale huid die veel kwetsbaarder was dan een vacht.*

En dat ons resterende haar een overblijfsel is, daar klopt op niks van. Vele apensoorten hebben de meest wilde kuiven, (bakke)baarden en snorren in allerlei opvallende kleuren. Voor de andere sexe. Onze directe neven, de chimps, gorilla's en de bonobo's kennen bijvoorbeeld geen snorren en nauwelijks baarden. Een gorilla heeft geen borsthaar. En ooit een aap gezien met lange golvende haren zoals die in de gemiddelde shampooreclame te zien zijn?
Wat we aan haar hebben, is er omdat we als soort daarop vallen. Dus ook op schaamhaar. De schaamstreek was het eerste deel van het lichaam dat door de menselijke aap werd bedekt, dus logischerwijs zou het haar daar als allereerste verdwenen moeten zijn. Niks daarvan. Baarden, snorren en borsthaar zijn natuurlijk helemaal niet tegen de kou, dan hadden vrouwen het ook wel. Het is ook geen toeval dat die beharing samen met het schaamhaar pas rond de puberteit begint te groeien.
Dus wees dus gerust harige heren, de mode kan wel even voorschrijven dat kaalgeschoren mannenhoofden, -torso's en dito schaamstreken sexy zijn, het zit in onze soort om op haar te vallen, dus jullie komen vanzelf weer in de picture.

Partnerkeuze is dus gewoon een gok. Zoals de gorilla die pijltjes gooit keer op keer beter blijkt te beleggen dan de beleggingsanalisten van de banken, zo is de optie om geblindeerd de eerste de beste kerel van de straat plukken niet slechter dan een langdurige analyse van karakter en compatibiliteit van je uitverkorene. We kiezen onze partner naast aantrekkelijkheid grotendeels op basis van gelijkgestemdheid over belangrijke levensvragen.

Fout. Je moet iemand kiezen die zoveel mogelijk overeenkomsten heeft met je eigen karakter, ook al heeft hij nog zulke rare meningen en voorkeuren. Echt waar. Bewezen.

Je beseft dat uiteindelijk wel, maar doet het vervolgens toch niet. We blijven tegen beter weten in maar vallen op het uiterlijk en op die gelijkgestemdheid. We kunnen gewoon niet anders.

Peer: *Heren, NOOIT zelfspot gebruiken om een vrouw mee te versieren! Dat werkt niet bij vrouwen, die snappen daar helemaal geen mallemoer van. Bij een Woody Allen zijn de spelregels zo duidelijk uitgelegd dat ook de dames de dubbele bodem goed begrijpen: dat die zeurende loser eigenlijk een erg talentvolle beroemdheid is.*

Vriend en vijand zijn het erover eens: zelfspot is een van de hogere vormen van humor. Maar gebruik het niet in het versierspel! Vrouwen zijn geheel ingesteld op opscheppende mannen die zich beter voordoen dan ze zijn. Ze zijn tenslotte op zoek naar het sterkste en beste zaadje voor hun schaarse eitjes.

Een beetje vrouw schat in dat ongeveer dertig procent van dat mannelijk geïmponeer ook echt waar zal zijn en bepaalt vervolgens of de heer in kwestie goed genoeg is of te licht wordt bevonden. En dan komt er opeens een vent aan die gaat spotten met zijn eigen marktwaarde! Hoe moeten ze dat nou weer inschatten?

Als we zien hoeveel tijd en energie er in dat daten gaat en hoe mager de resultaten, wordt het dan niet eens tijd om ermee op te houden? Wat moet dat een opluchting zijn. Opeens heeft niemand meer chronisch tijdgebrek, je kan je geld aan leuke dingen besteden en je hoeft niet langer continu aan jezelf te twijfelen; ben ik wel leuk genoeg?

Daarnaast is keer op keer bewezen dat mensen met een langdurige relatie langer en gezonder leven. We hebben het bij alleenstaanden over een daling van de levensverwachting die niet onderdoet voor roken of obesitas. Daarbij komt nog dat alleenstaanden zorgen voor extra gas- en elektraverbruik, het huis moet voor één persoon verwarmd, ze rijden in hun eentje in een auto, noem maar op. Dat veroorzaakt ook nog eens een grote milieudruk, met alle fijnstofuitstoot van dien. Waardoor ze weer schadelijk zijn voor de luchtwegen van de niet-alleenstaanden.

Al met al zijn de kosten van alleenstaanden voor de belastingbetaler enorm. Dit kan zo niet langer. We moeten iets doen, een daad stellen. Bij deze is daten afgeschaft!

Maar hoe kom je dan aan je partner, nu het daten is afgeschaft? Aan de vrije markt kunnen we het niet overlaten, dat is duidelijk.

De relatievorming moet een nutsvoorziening worden, een semi-overheidszaak. Die overheid kan dezelfde resultaten bereiken als de vrije markt door domweg iedereen een partner van ongeveer gelijke leeftijd toe te wijzen. En dat in een veel kortere tijd. Met een kleine ingreep kan de overheid nog succesvoller opereren en ervoor zorgen dat haar bevolking beduidend gelukkiger wordt en een veel lager echtscheidingspercentage krijgt.

Ze laat iedere huwbare burger een persoonlijkheidstest invullen en wijst vervolgens een partner aan die een vergelijkbare persoonlijkheid heeft. Nog even wat corrigeren op randvoorwaarden (een fundamentalistische moslim gaat nou eenmaal slecht samen met een feministe) en klaar is Kees: Nederland is een veel gelukkiger land geworden.

We zijn meer
verliefd op de begeerte...

dan op de begeerde

(Nietsche)

De man – wat wil…

HERSENEN

Mannen hebben maar liefst zestien procent meer hersencellen dan vrouwen. Toch zijn ze niet intelligenter. Wat doen die mannen toch met die zestien procent extra van ze?

De man denkt daarmee helemaal niet drie tot zes keer per minuut aan sex. Soms denkt hij die hele minuut aan sex, maar soms ook helemaal niet, dan kijkt hij bijvoorbeeld naar een voetbalwedstrijd.

Het zit zo: de mens, en zeker de man als jager, is in staat al heel snel en vanaf ver dingen te onderscheiden. Nog voordat je iemand goed hebt bekeken, herken je al heel in de verte een bekende. Of je ziet het verschil tussen een man en een vrouw. Aan de hand van een paar vage kenmerken zijn de hersenen in staat een eerste analyse te maken. Die capaciteit hebben we natuurlijk niet voor niets ontwikkeld. Het is evolutionair erg handig om al vanaf heel ver te kunnen inschatten of een dier of mens in de verte gevaarlijk is, dan heb je meer tijd om te vluchten of om de strijd voor te bereiden.

Maar dat je in een fractie van een seconde constateert dat iemand een man of een vrouw is, heeft natuurlijk niet zoveel te maken met vluchten of vechten. Dit herkennen van het geslacht vindt plaats in het alleroudste hersendeel. Al heel vroeg in de evolutie vonden we het blijkbaar belangrijk om direct te zien of een soortgenoot een mannetje of vrouwtje was.

We zullen maar zeggen dat de interesse daarin nogal diep ingebakken zit. En dus niet slechts een kwestie van oppervlakkige belangstelling is.

Dolores: *Eva is niet uit een rib van Adam geboren. Het is andersom: Eva was er eerst, die is ongeveer 143 duizend jaar geleden ontstaan. Dat blijkt uit genetisch onderzoek naar het vrouwelijke geslachtschromosoom. Adam, zo blijkt uit terugtracering van het mannelijk Y-chromosoom, ontstond pas 59 duizend jaar geleden. Voor die tijd bestond er helemaal geen Y-chromosoom en bepaalden andere factoren het geslacht van een kind.*

Momenteel is het dus zo dat twee paar vrouwelijke geslachtschromosomen (XX) een meisje maken en een vrouwelijk én een mannelijk chromosoom (XY) een jongen. Maar dat duurt niet zo lang meer. Binnenkort is het afgelopen met dat Y-chromosoom.

Dat zit zo: het X-chromosoom is heel groot, het bevat zo'n tweeduizend genen die voor alles en nog wat zorgen. Dat Y-chromosoom heeft er maar twee dozijn, die niet veel meer te doen hebben dan te bepalen dat het geslacht mannelijk wordt en dat later de spermaproductie op gang komt. Als er een meisje ontstaat, zijn dus al die genen van de beide X-chromosomen dubbel. Stel dat er eentje defect is, dan

kan dat gerepareerd worden door het goede exemplaar te nemen van dat andere X-chromosoom.
Dat miezerige Y-chromosoom ontmoet nooit een ander Y-chromosoom om eens wat genen mee uit te wisselen en blijft fouten eeuwig doorgeven. En er komen steeds meer foutjes bij. Uiteindelijk houdt het vanzelf op te bestaan. Over een paar miljoen jaar, beste dames, is het afgelopen met het fenomeen man en zullen we de voortplanting en het besturen van de wereld zelf in eigen hand moeten nemen. (Peter Underhill, Stanford University)

De man is, wat vrouwen betreft, altijd (vaak onbewust, het is net als ademhalen, daar ben je ook niet bewust mee bezig) in de weer met inschatten wat een goede schoot zou zijn om zijn zaad te storten. Dat doet die man niet zoveel keer per minuut, maar wel in iedere nieuwe situatie.

Peer: *In het voorjaar is er een sterke toename van lichte kop-staartbotsingen tussen auto's in de bebouwde kom. Het aantal botsingen neemt licht af in de zomermaanden om in de herfst en winter scherp te dalen.*
Opvallend is ook dat de meeste bestuurders mannen zijn. De meeste botsingen vinden ook nog eens plaats met mooi weer. Juist in de maanden met het beste zicht en de minste gladheid botsen er meer auto's. Wat is er aan de hand?
Het komt allemaal doordat de mannelijke hersenen moeilijk twee dingen tegelijk kunnen doen. Wat gebeurt er als een man aan het koken is, de telefoon gaat en de baby huilt? Het eten brandt aan, het telefoongesprek wordt per ongeluk verbroken en het kind krijgt een klap.
In het voorjaar verschijnen na de lange winter de eerste korte rokjes en

blote truitjes weer op straat. De arme stakker achter het stuur raakt in geilboze toestand, zoals Kees van Kooten het ooit treffend omschreef. Geil vanwege de aanblik van al dat aantrekkelijks, boos omdat hij niet overal aan kan komen en niet veel meer kan met zijn opwinding dan die thuis op zijn vrouw afleven.
De geilboze automobilist heeft de blik dus voornamelijk op het trottoir gericht en ziet niet dat de auto vóór hem remt voor het stoplicht.
BOEM!
Het maken van een scan van de hele stoep vergt veel van de mannelijke hersencapaciteit. Dat stoplicht past er net niet meer bij.

SCANNEN

In een vaste setting zoals op kantoor speelt het nauwelijks meer, omdat die analyse al gemaakt is en de situatie niet verandert. Maar komt een man een ruimte binnen met daarin een willekeurige verzameling vrouwen, dan scant hij binnen een paar seconden alle vrouwen in de ruimte op mogelijke bedpartners. Bliksemsnel valt een groot deel van de vrouwen alweer af, bijvoorbeeld omdat de man ze te oud vindt. Dat wil niet zeggen dat ze per definitie te oud zijn om kinderen te krijgen, maar dat ze te oud zijn om sexuele belangstelling bij hem op te roepen. Van de vrouwen die overblijven valt vervolgens ook direct een deel al af omdat de man ze niet aantrekkelijk vindt. Deze voorselectie duurt slechts een kwestie van seconden.

Pas voor de overgebleven dames wordt wat meer aandacht uitgetrokken. Hoe zien ze er uit, wat zijn de aantrekkelijke delen, hoe gedragen ze zich? Nu pas wordt het proces meer bewust en het gaat dan ook acuut langzamer. De rangorde is gemaakt en dan pas komen de meer rationele gedachten boven: bij wie zou ik een kans hebben? Kan ik hier op jacht? Wil ik mijn vrouw ontrouw zijn? Nu komt de sociale rem op de man boven en verandert de bijeenkomst van een potentiële orgie in een gewone vergadering.

Na de vergadering nog even naar de kroeg? Daar begint het hele scanproces opnieuw. Nog een hapje eten? In het restaurant, opnieuw een scan. In de tram? In de supermarkt? Op straat? Scan - scan - scan.

Het is een reuze inspannende bezigheid al dat gescan. Zou het daarom zijn dat mannen zestien procent meer hersenen nodig hebben dan vrouwen?

Dolores: *Tip voor de zoekende singlevrouw: zie je op een feestje een leuke man, maar wil zijn aandacht maar niet op jou vallen? Verspil je tijd dan niet en zoek eerst uit of je binnen de selectie van zijn scan zit. Zo niet, dan maakt het niet uit wat je doet, het is vrijwel onmogelijk de scan te wijzigen.*
Spreek hem aan, zonder echt een gesprek aan te willen knopen. Vraag hoe laat het is, waar het toilet is of vraag een vuurtje. Beantwoordt hij je vraag slechts plichtmatig en laat hij je zonder zelfs maar een kleine aarzeling weer vertrekken? Bespaar je de moeite en zoek een ander slachtoffer.
Een man bij wie je in de selectie van de scan bent gekomen, zal altijd aarzelen of hij een praatje moet beginnen of iets meer doen dan slechts de vraag beantwoorden, ook al is hij niet op zoek of staat zijn vrouw naast hem.
Waarschuwing: de scan heeft alleen betrekking op (betrekkelijk) onbekenden. Goede bekenden of collega's worden door de scan genegeerd en zullen dus heel andere wegen moeten bewandelen om in een toplijstje terecht te komen.

Peer: *In de meeste gevallen doet een man niets met zijn scan. Een vergadering is nauwelijks de goede plek om achter de vrouwen aan te gaan. Maar zelfs daarbuiten*

zijn veel mannen natuurlijk helemaal niet op zoek. Trouwe mannen bestaan! Maar dat neemt niet weg dat ook die vele keren per dag hun scan maken.
Zo'n scan is geen ijzeren rangorde, het is heel wel mogelijk om in de ene setting buiten de scan te vallen en in een andere setting binnen. In een ruimte met honderd mannen en vijf vrouwen, zal de man vrijwel zeker een van de vijf vrouwen tot begeerlijk object verklaren en indien nodig achter die vrouw aan gaan. Zij verkrijgt haar toppositie in vergelijking tot de andere vrouwen. In geval van grijze muizen zal hij de minst grijze kiezen, maar hij zal kiezen.
Zitten er in een volgend gezelschap veel aantrekkelijke dames, dan zal de grijze muis zeker weer van de lijst afvallen en gaat de man voor de nieuwe top tien. Als hij rationaliseert dat nummer een haar man bij zich heeft en nummer twee te mooi en zelfverzekerd is (daar worden mannen onzeker van), zal hij gaan voor nummer drie.
Tip voor singles: zorg dat je in een setting komt waarin je bovenaan kunt belanden (dus niet te veel aantrekkelijke concurrentes), waarin je langer met elkaar bent (een weekend zeilen of zo), waardoor je niet alleen aan de top staat, maar ook aan de top blijft en hem de tijd biedt in actie te komen, voordat er weer een nieuwe scan gemaakt wordt.

We hebben het een paar bladzijden kunnen rekken, maar kunnen er niet langer omheen. Mannen willen dus sex, dames.

En liefst sex zonder gezeur. En zonder romantiek, dat is toch ook echt een vrouwenuitvinding. De stakkers doen hun best en heus, ze zijn heel dol op je, maar van romantiek bakken ze weinig. Ze kijken van tv af hoe het moet en doen alsof omdat hun dame dat zo graag heeft. Maar zodra ze met goed fatsoen niet meer romantisch hoeven te zijn, halen ze opgelucht adem.

Mannen vinden dat je toch aan hun dagelijks gedrag moet kunnen aflezen dat ze nog veel om je geven. Dat arme jij dan met een vergrootglas op zoek moet naar dat ene signaaltje waaruit dat zou moeten blijken in die grote hooiberg van dagelijkse handelingen, dat zien ze niet.

De vrouw is een
mysterie
waarvan je hoopt
dat het nooit wordt
opgelost

De vrouw – Wass will…

WASS WILL DAS WEIB?

Niet de minste mannen hebben hun hoofd (en vaak ook hun hart) gebroken op deze vraag. Zes miljard mensen op deze aardkloot, waarvan grofweg de helft vrouwen, en de man weet het nog altijd niet. Ze hebben een moeder, vaak ook zussen, oma's, juffen op school, meisjes in de klas. En nog steeds blijven die sufkoppen zich blindstaren op het mysterie *vrouw*.

Is het nou echt zo moeilijk te weten te komen wat de vrouw bezielt?

Eeuwenlang is het beeld beheerst door de Madonna en de hoer. Daar had de vrouw zelf niet zoveel mee te maken, dat was een fascinatie in het mannelijk hoofd. Maar om begeerlijk gevonden te worden, moest je als vrouw natuurlijk wel mee in die dubbele spagaat. De deugdzaamheid en vroomheid moest als het ware van je afspatten. Dat verheven wezentje, dat was toch wat een vrouw moest zijn. Maar na het huwelijk werd er meer van je verwacht, alleen was je moeder vergeten je daarop voor te bereiden.

Die galante ridder met zijn bloemen wilde tussen de lakens opeens minder deugdzame zaken. Vond je dat ook wel leuk en deed je van harte mee, dan werd dat matig op prijs gesteld, het riep wantrouwende vragen op. Een bloedgeile Madonna die er wel pap van lustte, rijmde dat wel met de vrome ingetogenheid? Of zou ze toch een vermomde hoer zijn?

Koos je voor de andere optie en bleef je ook in bed vroom en rein, dan bleef de achting van je echtgenoot hoog, omgekeerd evenredig met zijn sexuele belangstelling. Die ging dan al gauw naar vrouwen met wat meer levenslust.

Peer: *Dat hele Madonna-hoerverhaal is al veel ouder dan het bestaan van de Madonna en zelfs al veel ouder dan het bestaan van de beroepsgroep hoer. De evolutie heeft namelijk de mannetjesmens opgezadeld met een probleem. Hij wil graag zijn zaad verdelen over zoveel mogelijk vrouwtjes.*

Maar dat kroost van ons heeft nogal lang nodig om te groeien, dus meende de vrouwtjesmens dat hij toch ook moest bijdragen aan de voeding en bescherming van dat kroost. Dat was natuurlijk gelijk wel een behoorlijk grote en langdurige investering.

En waar het vrouwtje redelijkerwijs nog kon weten wie de vader van haar kind was, kon het mannetje alleen maar hopen dat hij zich jarenlang uitsloofde voor zijn eigen nageslacht en niet dat van de buurman.

Vandaar dat mannen hun eigen vrouw graag kuis en degelijk zien en alle anderen ongebreideld vurig.

Toen het Madonna-hoermodel wat meer naar de achtergrond werd gedrongen, kregen we meer te maken met de vrouw als mysterie. De vrouw werd geacht een geheimzinnig wezen te zijn met een nogal labiele, snel hysterische aanleg, onnavolgbaar in haar doen en laten en bovenal wispelturig. Verdi legde het in het collectief geheugen vast als '*La donna è mobile*' en Freud maakte het af met zijn '*Wass will das Weib?*'

Niet dat iemand eraan dacht aan *das Weib* zelf te vragen wat ze nou eigenlijk wilde. *Der Mann* fantaseerde daar liever zelf over door. Het was een *lose-lose* situatie voor vrouwen. Wat je ook deed, het paste altijd in het vrouwbeeld. Kraamde je onzin uit dan had je daar weer zo'n lichthoofdig vrouwtje, zei je wat verstandigs, dan werd dat gebagatelliseerd als een ongelukje. Je kon nog maar het best een hysterische flauwte krijgen, dan kreeg je tenminste nog aandacht (en vlugzout).

Als vrouw was je eigenlijk min of meer ontoerekeningsvatbaar. En waarom zou je de moeite nemen om logica te ontdekken in het doen en laten van iemand die ontoerekeningsvatbaar was? Dat was toch een *contradictio in terminis?*

Maar dat vrouwbeeld is verleden tijd. Voor het eerst zijn het de vrouwen zelf die aan de basis staan van het huidige beeld. We zitten nu in het tijdperk van de sterke zelfstandige vrouw. En die bepaalt zelf wel hoe ze het hebben wil.

Peer: *Een beetje vent kijkt natuurlijk likkebaardend naar gorilla's die in haremgroepen leven waarbij het alfamannetje alle vrouwtjes heeft. Kijk je naar die gorillavrouwtjes, zie je dat die niet doen aan partnerkeuze. Dat zou ook helemaal geen zin hebben, ze hebben immers niks te kiezen. De menselijke soort met historisch een lichte voorkeur voor harems, maar in de praktijk toch meestal met één tot*

enkele vrouw(en), doet wel aan partnerkeuze.
En hoeveel de mensendames ook klagen, de bottom line is dat zij het voor het kiezen hebben. Wij mannen mogen imponeren, laten zien hoe slim, sterk, leuk en vooral rijk we zijn, wij mogen steeds maar weer aankomen met romantische etentjes, bloemen en chocola, het is uiteindelijk de vrouw die kiest door welk mannetje ze zich laat bevruchten.
Het is niet eerlijk!

Bottom line is dan ook, beste heren, dat de vraag wat de vrouw wil niet zo moeilijk te beantwoorden is: ze wil ALLES!

Maar krijgt ze dat ook in het leven? Nee. En dat vindt ze eigenlijk niet eerlijk. Dat kan al gauw leiden tot een gevoel van slachtofferschap en zelfmedelijden, het is niet eerlijk in de wereld.

Nou is die wereld nooit eerlijk geweest en dat zal hij ook wel nooit worden, maar dat geldt natuurlijk evengoed voor mannen. Waar een man schouderophalend accepteert dat het allemaal anders gelopen is of juist *rücksichtslos* alles opzij zet om te maken dat het allemaal toch zo gaat lopen als gepland, is de vrouw geneigd te gaan zwalken. De min of meer redelijk lopende delen van haar leven wil ze handhaven, maar daarnaast wil ze toch ook die droom laten uitkomen. En dat leidt tot halve (en dus niet erg geslaagde) oplossingen. En tot depressies.

Je kunt terecht stellen dat mannen egoïstisch zijn en alleen maar kortzichtig achter hun eigen behoeften aan rennen. Daar staat dan tegenover dat vrouwen geen oplossing zoeken voor hun probleem maar begrip. Alleen, begrip heeft nog nooit een probleem opgelost.

Dolores: *Decennia lang is er door vrouwen op gehamerd dat die (in hun mannelijk rolpatroon ingekapselde) mannen hun vrouwelijke kant ruimte moesten geven en op zoek moesten naar hun emoties. De man die niet mocht huilen, was maar een half mens, pas als de emotionele kant zijn plaats zou krijgen, zou de man bevrijd zijn.*

Maar dames, hoe zit het eigenlijk met onze mannelijke kant? Waarom zouden die mannen wel hun vrouwelijke kant moeten ontwikkelen en wij niet onze mannelijke kant? Waarom zitten we niet massaal op kickboksen en voetbal en waarom stimuleren we onze dochters niet om die barbiepoppen nou eens even te laten liggen en lekker te gaan schieten met een uzi?

U en ik weten het antwoord: we voelen ons superieur aan die sukkels, die mannelijke kant is alleen maar ballast uit de tijd dat ze achter mammoeten aan moesten rennen.

Wij zijn gewoon beter en als wij het voor het zeggen hadden in de wereld, dan zou dat een betere plek zijn.

De vrouw van vandaag wil dus alles. Om te beginnen een aantrekkelijke vent die... (vul de waslijst nu zelf maar in). Daarnaast wil ze voor zichzelf een boeiende en uitdagende baan, reizen, en ook nog eens de perfecte moeder zijn. En natuurlijk ook eeuwig slank en aantrekkelijk blijven. En o ja, ook nog de verleidelijke minnares. Dat is nogal wat. De harde praktijk is dat er water bij de wijn gedaan zal moeten worden.

Het begint al mis te gaan bij de partnerkeuze. Om zoveel mogelijk van het eisenpakket gerealiseerd te krijgen, zou de vrouw in kwestie het best kunnen inleveren op een paar eisen die ze stelt aan de man van haar dromen. Neem niet dat stuk met de juiste, snel gesneden kleding en de flitsende carrière. Ja natuurlijk, het oog wil ook wat, maar dat is nou net het type vent waarop ook de ogen van andere zoekende dames rusten. En die flitsende carrière gaat straks voor alles, dus ook vóór jouw carrière en gevoelens en even later al helemaal vóór het gelijk verdelen van de kinderzorg. Mannen met ambitie zijn noodzakelijkerwijs agressief en egocentrisch, met altijd maar beleefd '*gaat u voor*' zeggen, kom je nou eenmaal niet aan de top.

Ga liever voor de goede middenmoter, die is blij dat hij uitverkoren wordt en heeft niet de ijdelheid dat jij blij mag zijn dat je hem hebt. Deze goedzak doet zijn best en weet dat hij goed voor je moet zorgen omdat je voor hem zo tien anderen hebt. Hij is minder op zijn eigen succes gericht en heeft dus ook meer oor voor jouw verhalen. En omdat die carrière van hem wat minder dominant is, krijg je hem te zijner tijd wellicht zover een dagje minder te gaan werken en voor de kinderen te zorgen.

Logisch verhaal, niet? Maar doen we het ook, dames? Nee, natuurlijk niet. Knappe en succesvolle mannen zijn magneten voor vrouwen. Ze zijn net als sigaretten: je weet dat ze slecht voor je zijn, maar je kunt er niet afblijven. Maar dan niet zeuren als je er ziek van wordt.

*De daad gedaan
de lust vergaan*

Sex

HET HELE JAAR DOOR

Zoals eerder gemeld, het enige puur biologische verschil dat de mens van het dier onderscheidt, is het feit dat mensen geen paarseizoen hebben, maar het hele jaar door tot sex bereid zijn. En dat zullen we weten. Het is een wonder dat de mensheid tussendoor nog tijd heeft gehad om wereldrijken te stichten en uitvindingen te doen.

Over mannen kunnen we kort zijn: die willen altijd sex.

Maar houden vrouwen eigenlijk van sex? Of doen zij het slechts om kinderen te krijgen en hun mannen zoet te houden? Spelen zuchtende, kreunende, hijgende en gillende porno-actrices cq. bedpartners slechts de sexuele vrouw zoals mannen haar fantaseren of is ze de sexuele vrouw die net zo van sex houdt als mannen?

Heren, eerst het goede nieuws: vrouwen houden oprecht van sex. Soms zelfs van vaak en veel.

Dolores: *Qua sexueel uithoudingsvermogen zijn we die kerels natuurlijk ruimschoots de baas. Is ie jong en pril verliefd, dan krijgt een man hem nog wel een paar keer per dag overeind, maar dan is het ook einde verhaal. Terwijl een beetje vrouw keer op keer kan klaarkomen.*
Een Amerikaanse dame heeft een boek uitgebracht met daarin een orgasmedieet. Daar zit onder andere veel visolie, chocola, multivitamine, calcium, magnesium, zink en ijzer in.
Even flink dooreten en dan duurt het niet lang meer voordat je net als de schrijfster meer dan honderd keer per dag een orgasme kunt krijgen.
Honderd keer per dag...? Tja...

Het minder goede nieuws: ze willen op andere momenten sex dan jullie.

Mannen zijn stoomketels, op gezette tijden moet de druk er even af, daarna functioneren ze weer prima. Blijft de druk op de ketel, is er ontploffingsgevaar. Vrouwen hebben hierin een wat minder primaire biologische druk, die moeten gewoon in de stemming zijn. Of worden gebracht natuurlijk. Maar bovenal: eerst praten, dan pas sex. En dat schept een moeilijk oplosbare paradox: vrouwen willen dus eerst hun probleem van het moment met hun vent bespreken en als dat van hun bordje is, kunnen ze onbezwaard gaan vrijen, de vent in kwestie is opgewonden en wil eerst vrijen en daarna (als het moet) haar probleem met haar bespreken.

Het lijkt haast een wonder dat er sowieso nog gesext wordt.

Dolores: *Vrouwen zijn wezens met compassie voor de minder bedeelden, dat is bekend.*
Ooit een Father Theresa of een John Nightingale gezien?
In dat licht bezien, is het ook logisch dat ze in een wereldwijde samenzwering de

bewering staande houden dat het formaat van het mannelijk geslacht er niet toe doet. Zijn het geen schatten?
Terwijl de harde werkelijkheid is: size matters. *Een grote (niet per definitie een supergrote, er zijn grenzen) vinden we uiteindelijk toch echt lekkerder dan een kleintje. Helaas voor de pinkelmannetjes.*
Moeten die nu massaal reageren op een junk e-mail voor penis enlargement? *Wacht nog heel even, er zit ook een voordeel aan zo'n kleintje. Sex bestaat niet alleen uit penetratie, er zijn ook dingen als variatie, inleving, voorspel, techniek. De gemiddelde zwaarbehangen* hunk *hoeft daar niet zo over na te denken omdat de ontvangende dames zonder dat soort fratsen ook al erg onder de indruk zijn. De minder bedeelde broeders hadden iets te compenseren en hebben zich verdiept in dit soort vrouwvriendelijke randverschijnselen. Misschien dat de dames in tegenprestatie daarvoor dit kleine leugentje in de wereld houden?*
Trouwens, wel eens goed gekeken naar onze neef de gorilla? Als er één dier is dat macho en viriliteit uitstraalt is het wel de gorilla. Die moet dus wel een grote pik hebben. Niks, nada, een gorillapenis is in opgewonden toestand maar een paar centimeter lang. Meer heb je ook niet nodig om je zaad in te brengen. Nee, onze oermoeders vielen gewoon op zwaar geschapen mammoetjagers, vandaar dat onze soort een groter model ontwikkelde.

LIEFDE & WETENSCHAP

Er is iets raars met mensensex. We doen het niet alleen voor de voortplanting, maar daarnaast dus ook gewoon omdat we het lekker vinden. En dat doen we gemiddeld 2,1 keer per week (ja beste lezer, jij natuurlijk vaker) en dat houden we grofweg vijftig jaar vol. Dat betekent (even gesteld natuurlijk dat er al die tijd een beschikbare bedpartner is geweest) dat we het tegen de pensioengerechtigde leeftijd bijna 5500 keer hebben gedaan. En dan zijn we nog altijd niet van plan ermee te stoppen.

Dat is raar, de moderne mens heeft veel afleiding en is altijd op zoek naar iets nieuws en spannends. Stel je voor dat je voor de 5500ste keer gaat bungeejumpen. Het zou je toch een straf worden? Of voor de 5500ste keer op wintersport, naar Disneyland, uit eten bij McDonalds? Het zou toch de strot uit komen?

Oké, tuurlijk, je doet niet iedere keer hetzelfde in Disneyland. De ene keer ga je in de achtbaan, een andere keer naar het sprookjeskasteel en een derde keer naar de Pocanhontasshow. Afwisseling dus.

Maar wees nou eens eerlijk, als we schatten dat jij over het algemeen toch echt niet meer dan tien verschillende standjes per jaar beoefent, zitten we dan niet aan de hoge kant? Hoeveel van die 5500 nummertjes gaan niet gewoon in de missionarispositie?

Oké, oké ... dat is waar, je gaat in de meeste gevallen niet 5500 keer naar Disneyland. In de loop van de jaren ga je ook naar de Efteling, Sea World, MGM Studio's, Walibi en nog wat andere pretparken.

Maar dan nog, 5500 keer is veel. Heel veel.

Peer: *Goed nieuws vanuit de wetenschap, mannenbroeders: sperma is fysiek verslavend voor vrouwen! Misschien gaat Liefde wel door de maag, sex gaat door de vagina. En daar zit hem dan ook de verslaving, sperma bevat hormonen die in de vagina door de slijmvliezen worden opgenomen. En dat blijkt verslavend te zijn. Lulkoek? Mooi niet, de onvolprezen Wetenschap heeft het weer haarfijn uitgezocht. Dr. Gordon Gallup van de State University of New York bestudeerde het sexleven van 293 studentes. Diegenen die geen condooms gebruikten waren meer geneigd sex te initiëren en nieuwe partners te zoeken als een relatie eindigde dan dames die het mèt condoom deden. Maar sterker nog, de condoomloze studentes raakten steeds gedeprimeerder naarmate ze langer geen sex hadden, terwijl dat bij de comdoomstudentes niet zo was, die bleven stabiel. Conclusie: er is hier sprake van een chemische afhankelijkheid. In sperma zitten vele soorten hormonen, testosteron, oestrogeen, prolactine, prostaglandines en die laten zich niet door een vaginawand tegenhouden in hun taak de ontvangster op te vrolijken. Onthouding is deprimerend en geeft afkickverschijnselen. Onze wetenschapper heeft voor de zekerheid zijn onderzoek nog eens overgedaan met zevenhonderd verse dames. Wat een wetenschappelijk doorzettingsvermogen, de Nobelprijs kan niet meer ver weg zijn! En één ding is zeker: safe sex kan het vanaf nu schudden.*

En waar hebben we het eigenlijk over? Niet over Liefde, die speelt hoogstens een bijrol in deze. Het gaat om een heel mechanisch proces. Twee lichaamsdelen zoeken elkaar, schuiven in elkaar en doen dat net zo lang tot een van de twee (of allebei) bevredigd is en vervolgens gaan beide lichaamsdelen weer hun eigen weg. Een paar andere lichaamsdelen (borsten, billen, monden) doen ook nog een beetje mee.

Uiteindelijk bestaat een groot deel van die 5500 keer uit een eindeloze herhaling van een eenparige beweging: op – neer – op – neer – op – neer...

Saai! De zuigerstang van een automotor erbij vergeleken, is meer opwindend.

Als er iets is dat we als dynamische moderne mens hartgrondig haten dan is dat saaiheid. En toch, dames, gaat u keer op keer op uw rug liggen. En toch, heren, klimt u er keer op keer weer bovenop.

Dolores: De Wetenschap heeft ook nog eens voor ons onderzocht hoe lang de heren der schepping over de daad doen. Vanaf penetratie tot het klaarkomen is dat bij de Nederlandse man precies 5,1 minuut. Dames met haast wordt aangeraden een Turkse man te nemen, die heeft er slechts 3,7 minuten voor nodig. Zit je ruimer in de tijd, kan je wellicht ook eens denken aan een Engelsman (7,6), een Amerikaan (7) of een Spanjaard (5,8).
Een vrouw heeft ruim 12 minuten nodig om klaar te komen, dus dat houdt in dat we daar 2 tot 4 mannen voor nodig hebben.
Het vergt nogal een organisatie om dat 2,1 keer per week te regelen, dus hebben wij vrouwen collectief besloten onze mannen een kans te geven de overblijvende minuten creatief in te vullen. Maar dan moeten jullie wel je best doen!

BASISBEHOEFTE?

Als we uitgaan van een gewone Hollandse jongen betekent het dat we in ons sexueel actieve leven 5,1 x 5500 = 28050 minuten in de weer zijn. Dat is 4675 uur. En uitgaande van een 38-urige werkweek zijn we 123 weken achter elkaar in touw!

Wat bezielt ons?

Is sex een biologische basisbehoefte, iets waar je gewoonweg niet zonder kan? Zoiets als eten, drinken, ademhalen, slapen, naar de wc gaan? Nee. Mensen kunnen heel goed langere tijd zonder sex, als het moet zelfs levenslang.

Het zijn weer die verdomde hormonen die ons parten spelen. Die bepalen dat man en vrouw iedere keer weer behoefte aan sex krijgen. Dat ze zoveel van hun zeldzame *quality time* aan dat op-en-neerspelletje besteden in plaats van eens een goed boek te lezen of iets leuks te doen met de kinderen. Sex is niet iets dat we leuk vinden, we gehoorzamen gewoon braaf het signaal dat die hormonen aan de hersenen afgeven.

Er valt veel voor te zeggen om kunstmatig de hormoonspiegel van de bevolking te verlagen. Dat is niet heel ingewikkeld. Het bespaart de samenleving niet alleen een heleboel tijd die mensen aan nuttiger zaken kunnen besteden, maar daarnaast ook nog ongewenste tienerzwangerschappen, abortussen, verkrachtingen en misbruik van kinderen. Groot bijkomend voordeel is dat door de dalende hormoonspiegel de verschillen tussen de geslachten kleiner worden en er dus meer begrip voor elkaar zal ontstaan. Mannen zullen ook minder agressief worden, de wereldvrede komt eindelijk binnen handbereik.

Een *win-win* situatie dus waar alle partijen baat bij hebben. Uitgezonderd wellicht de reclamebranche, die zal hele nieuwe campagnes moeten ontwerpen als sex niet langer verkoopt. Wat moet er dan op de motorkap van een auto liggen om die aan de man te brengen? En de porno-industrie, daar moet dan ook een afvloeiingsregeling voor komen.

Dolores: *In het ruime assortiment van de sexhulpmiddelenindustrie zijn voor de heren naast de bekende opblaaspoppen met opengesperde mond en vagina ook kunstkutten te verkrijgen. Dat zijn een soort gootsteenafvoerbuizen die van binnen gevoerd zijn met een zachte en glibberige materie. Niet kopen heren, deze attributen zijn echt alleen maar geschikt voor eenzame losers die de hoop hebben opgegeven ooit nog aan de vrouw te geraken.*

Datzelfde geldt ook voor de griezels die voor duizenden euro's een siliconenvrouw op ware grootte bestellen, geleverd in alle gewenste lichaamsvormen en huidskleuren. Met ook nog als accessoires diverse modellen schaamlippen.

De verkoopcijfers van dit soort hulpjes voor de lonesome cowboy *vallen verre-*

weg in het niet bij die van de girl's best friend: *de vibrator. Of je beste vriend nou Tarzan, Konijn, Dolfijn of XJ7 heet, ze hebben één ding gemeen: geen man van vlees en bloed kan tegen hen op. Met hun zachte siliconen, draaiende kogels en pulserende koppen, kolibriesnelle clitorisstimulatie en traploze versnellingen blijven ze hem allemaal op afstand de baas.*
Die vent van vlees en bloed is voor goed klaarkomen dus helemaal niet meer nodig. We tolereren hem nog in ons bed omdat we ook wel eens onze armen om brede schouders heen willen slaan, in de nek gekust willen worden en iemand in ons oor willen horen hijgen: 'Ik hou van je aarrgghhhh!' *De man van vlees en bloed kan vanuit zijn onmacht snel jaloers worden op je beste vriend. De beste oplossing is dan ook helemaal niet geheimzinnig te doen over je trouwe minnaar, maar de man van vlees en bloed in het spel te betrekken. Laat hem op jouw commando de knoppen bedienen en je hebt geen kind meer aan hem.*

Zo lang de regering hier nog niet aan toe is, zullen we moeten zuchten onder het juk van de hormonen. We vergeten dus maar wat we net hebben gelezen en gaan er voor het moment maar weer van uit dat sex leuk is. Maar het kan altijd nòg leuker.

Dat wordt ons continu ingepeperd door glossy's, reclame, films en boeken. Daarin zien we voortdurend pikante situaties die veel spannender zijn dan de situaties die zich afspelen in onze eigen slaapkamer.

Peer: *Nou ja, het is niet alleen maar kommer en kwel, er is de laatste tijd ook regelmatig goed nieuws dat het leven wat draaglijker maakt. Begon het met chocola, visolie en rode wijn die gezond waren (dames en heren wetenschappers, witte wijn is echt lekkerder bij een toastje met zalm, kan daar ook eens naar gekeken wor-*

den?), de laatste jaren komen er ook steeds meer onderzoeken langs die aantonen dat sex gezond is.
En dan heb ik het niet over voor de hand liggende dingen als ontspanning en beter slapen. Nee, veel sex is goed voor de vruchtbaarheid (vers sperma), en de kans op beroertes, hartaandoeningen en suikerziekte daalt met dertig tot vijftig procent bij eenmaal per week sex.
Helaas voor de dames die regelmatig claimen hoofdpijn te hebben, die vlieger gaat niet langer op, sex is ook goed tegen migraine...

Het wordt tijd voor een klein college sexuologie. Sex kent één hoofdwet en die zegt: sex met dezelfde partner gaat op de lange duur ALTIJD vervelen. Frequentie en spanning nemen met de jaren af.

Er zijn twee soorten sex te onderscheiden:
- passiesex
- onderhoudssex

Passiesex is zoals de naam al suggereert sex uit passie. Sex uit echte opwinding, meestal te vinden aan het begin van een relatie.

Onderhoudssex is zoals de naam al suggereert sex die de relatie onderhoudt en vooral tot doel heeft te bevestigen dat de relatie nog intact is en de aanwezige sexuele lust te ontladen. Meestal te vinden in een langer durende relatie.

Einde college.

WAT VERTELT DIT COLLEGE ONS?

Jawel lieve dames, zelfs die droomrelatie met Hugh Grant op dat eiland in de Stille Zuidzee gaat op den duur een sleur worden. Jawel beste heren, ook met Scarlett Johansson raakt u eens uitgestoeid.

Passiesex is wat we willen en waar we voortdurend in de media mee worden gebombardeerd. Onderhoudssex is echter een groot deel van wat we krijgen.

WAT STAAT ONS TE DOEN OM AAN DIT DOEMSCENARIO TE ONTSNAPPEN?

De meest voor de hand liggende manier om alleen nog maar kwaliteitssex te krijgen, is geen langdurige relaties aan te gaan. Met veel wisselende partners blijft de spanning er vanzelf in. Ben je niet zo'n goede versierder loop je wel het risico van langer durende sexloze perioden.

Daarnaast kan dit recept in sommige gevallen niet zo handig zijn, bijvoorbeeld als je kinderen wilt. Die kan je natuurlijk wel krijgen uit passiesex, maar het valt toch te prefereren als de vader er nog is tegen de tijd dat het kind wordt geboren. Dus helaas, de grote meerderheid van ons eindigt uiteindelijk in een vaste relatie. Is onderhoudssex dan het onvermijdelijke voorland?

Ja en nee. Ja, de spanning gaat er op een gegeven moment haast onmerkbaar steeds een beetje meer van af. Maar nee, als je er op bedacht bent, kan je je maatregelen nemen. Zoals in het begin wordt het nooit meer, maar je kunt een eind komen.

De spannendste varianten zijn ook het risicovolst. Een geheime relatie beginnen met zijn/haar beste vriend/in, partnerruil, groepssex. Als deze opties uit de hand lopen is het gedaan met de langdurige relatie. En eigenlijk tellen ze niet, omdat ze allemaal nieuwe partners bij het spel betrekken.

Dolores: *Veel vrouwen hebben wel eens, en sommigen heel vaak, een orgasme gespeeld. Omdat ze het zielig vinden voor het breekbare mannelijk ego om niet klaar te komen, omdat ze denken dat er iets mis met ze is als ze niet klaarkomen; er zijn vele redenen.*
Of het wijsheid is, is een heel andere vraag. Manlief draait zich om en gaat tevreden slapen. Wat is hij toch een goede minnaar. Het is de actrice die zojuist zo treffend dat orgasme neerzette die in twijfel wakker blijft liggen. Hoe kan ze hem ooit nog aan zijn verstand brengen dat hij er bar weinig van bakt?
Natuurlijk, als je tegen een man zegt dat hij een klungel is, hoef je niet veel meer te verwachten. Maar als je hem meldt dat hij het op zich héél goed doet, maar dat er nèt iets meer nodig is voor dat orgasme, dat dat het verschil maakt tussen een minnaar en een goede minnaar, dan zal hij zich met vernieuwde energie op zijn taak storten. En als die hint niet afdoende blijkt, geeft een zeer terloops 'mijn vorige vriend lukte het anders wel' *altijd prijs.*
Tenslotte moet en zal hij bewijzen een goede minnaar te zijn. Dat hij verder kan plassen dan de andere jongetjes.

In de glossy's staan *plenty* tips om het liefdesleven spannend te houden. We willen ze niet geheel het brood uit de mond stoten door hier met een uitputtende lijst te komen, we laten het bij een aantal grote lijnen.

Om te beginnen: houd de hoofdwet in gedachten. Hoe wild het liefdesleven nu ook is, langzaamaan gaat dat slijten.

1 Wacht niet totdat je op een goede dag tijdens de daad naar het plafond staart en denkt: '*Ben ik niet vergeten een pak koffie op het boodschappenlijstje te zetten?*' Het is makkelijker vanuit een goed sexleven nieuwe elementen te introduceren dan een dood paard weer tot leven te wekken.

2 Bedenk dat het bij je sexleven net zo gaat als bij een dieet. Het goede voornemen is niet genoeg, fanatiek aan de slag gaan is niet genoeg, het gaat om het volhouden.

3 Praat met mate. Het kan geen kwaad af en toe eens af te tasten hoe je partner en jij het sexleven ervaren en met name, waar er nog onvervulde fantasieën zijn. Maar maak er in godsnaam geen uitgebreide therapeutische sessie van die uitmondt in een besluitenlijstje met bijbehorend stappenplan. Als er iets dodelijk is voor de lust is het planning. Verrassing is de beste aanval. Droom je al jaren van een wilde vrijpartij in de lift? Ga het niet met z'n tweeën plannen als een militaire operatie. Zorg dat de gelegenheid zich voordoet, grijp hem of haar onverwacht bij de lurven en de passie spat er gegarandeerd af.

4 De schaamte voorbij. Als jij je belachelijk voelt in dat latex pakje omdat je figuurtje nou niet exact meer is zoals toen je achttien was, dan werkt het niet. Samen de slappe lach krijgen, kan geen kwaad, maar de naam zegt het al, de slappe lach levert weinig erotiek op. Accepteer gewoon dat er twee niet meer geheel slanke en strakke mensen samen raar zitten te doen en dat die bierbuik van hem er niets toe doet. En dat jouw billen ondertussen wat breder zijn dan voorheen, dat is hij al lang gewend. Het aardige van mannen is dat ze daar heel makkelijk in meegroeien door de jaren heen. Het zijn de dames die extreem kritisch op zichzelf zijn en zich alsmaar die spiegel voorhouden, hoe ziet het eruit, is het niet raar? De enige die je belachelijk kan vinden in je nieuwe Bunnypakje is hij en hij heeft daar juist jaren van gedroomd en wordt er opgewonden van.

5 Pas op voor een sex-burnout. Je moet al zoveel, de ideale man/vrouw zijn, een bloeiende carrière, de liefhebbende partner, de ideale ouder en dan nou ook nog de eeuwigdurende ideale minnaar? Je kan het proberen, maar het gaat niet luk-

ken. Leg je dus neer bij die sleur in je liefdesleven en probeer niet 2,1 keer per week de vonken ervan af te laten spatten als je al tien jaar bij elkaar bent. Voor je het weet zul je afgevoerd worden naar een revalidatieoord. Het is genoeg als die passie onderhouden wordt, hij hoeft er niet altijd te zijn. Eén keer in de maand passie en de rest onderhoud, niks mis mee. Sleur heeft ook zo zijn prettige kanten, het is vertrouwd en je hoeft even niet van alles. Als het maar niet bij sleur blijft.

Dolores: *Porno. De eeuwige bestseller in de videotheek en op het internet. En ook bladen als* Playboy *en* Penthouse, *gekocht door de heren vanwege hun goede artikelen en interviews, zouden zonder de blote dames toch echt een kleinere oplage hebben.*

Mannen houden gewoon van kijken naar blote vrouwen. Of naar mensen die sex bedrijven. Ze zijn visueel ingesteld en worden daar opgewonden van.

Vrouwen kunnen ook wel opgewonden worden van porno, maar ze hebben er minder behoefte aan. Dat hele plastische, close-up van pik in kut, dat gaat ze gauw vervelen.

Maar wat moet je nou als vrouw als je vent porno bekijkt?

Niks.

Je moet je meer zorgen maken als hij beweert er niks aan te vinden. Dan is er óf iets mis met hem, óf hij jokt. Porno is geen bedreiging voor je relatie (zolang het tenminste geen dwangmatige verslaving wordt). Hij wordt opgewonden en kanaliseert die opwinding naar jou. Vervolgens ligt hij met jou in bed en is hij die dame waar de opwinding mee begon al lang vergeten. Mannen hebben niet genoeg fantasie om over J-Lo of Pamela Anderson te fantaseren als ze met jou in bed liggen.

Vrouwen daarentegen... dames, even de vingers opsteken wie nooit tijdens de daad gefantaseerd heeft met Brad Pitt of Hugh Grant in bed te liggen?
..... Niemand?

Tips
(voor hem):

TURN-ON'S:

- bloemen, sieraden, chocola,
- complimenten over haar uiterlijk,
- sfeerverlichting, muziek, candlelight,
- lieve woordjes,
- geen haast hebben (tenzij de passie wild moet zijn natuurlijk),
- een niet te grote hoeveelheid alcohol.

TURN-OFF'S:

- onverschilligheid, sex als een klusje dat nog even moet voor het slapengaan,
- sokken aanhouden,
- te veel gedronken,
- gelijk in slaap vallen na de daad.

Tips
(voor haar):

TURN-ON'S:

- lingerie, hulpmiddelen, licht aan,
- uitstralen dat hij een geweldige minnaar is,
- kreunen, steunen, alles dat hem doet denken dat je helemaal uit je dak gaat van zijn kunsten,
- initiatief voor nieuwe dingen, maar ook weer niet te veel, dan voelt hij zich een onbeholpen kluns die gecorrigeerd wordt.

TURN-OFF'S:

- praten over vrijen in plaats van gewoon te beginnen,
- de daad lijdzaam ondergaan (of in slaap vallen),
- de telefoon opnemen,
- luisteren of de kinderen niet wakker zijn geworden.

When I'm not near
the girl I love
I love the girl
I'm near
(Finian's Rainbow)

Schoonheid

TIJDLOOS

'*Beauty is in the eye of the beholder.*' Dit is een oud spreukje, het stamt uit de derde eeuw voor Christus en werd gebruikt door de oude Grieken. Een waarheid als een koe, schoonheid is geen absoluut iets, het wordt bepaald door de kijker. En als kijkers zijn wij mensen nogal collectief ingesteld, dus komt het vaak aardig overeen wat we met z'n allen mooi vinden.

Maar dan nog is *mooi* niet overal hetzelfde. Afrikaanse vrouwen ontwikkelden in de evolutie hun forse derrières omdat Afrikaanse mannen dat aantrekkelijker vonden. En de evolutie heeft ook ingebakken dat die voorkeuren niet zomaar van de ene op de andere dag totaal omslaan in een ander uiterste, zoals de zomermode.

Schoonheid is ook geen tijdloos iets, de vrouwen die renaissanceschilderijen sierden, zouden vandaag de dag geen glossy meer halen met hun forse gestalte, brede heupen en kleine borsten. En de dames op de naaktfoto's waar je overgrootvader op geilde, die zou je nu toch voorzichtig *aan de maat* noemen. Terwijl overgrootvader onze huidige slanke supermodellen op straat waarschijnlijk geen geile blik waardig zou gunnen.

Dolores: *Als je iets zou kunnen noemen dat wij mensen allemaal als mooi ervaren, zou het symmetrie zijn. Onze linker- en rechterhelften zijn nooit exact hetzelfde en keer op keer wordt gevonden dat we mensen met meer symmetrie mooier vinden. Wat dat betreft, kan je zeggen dat we met z'n allen steeds mooier worden. Een lui oog wordt afgeplakt zodat het niet gaat loensen, een scheef gebit ontsnapt niet meer aan de aandacht van de orthodontist. Heb je een haakneus, dikke kans dat hij wordt verkleind en ook flaporen gaan standaard onder het mes.*
En dan zijn we natuurlijk ook nog eens gezonder dan vroeger, we eten beter, dus ja, mooi zijn we.
Maar we gaan ook steeds meer op elkaar lijken met al die perfecte glimlachen. Steeds meer verdwijnen de uitersten en worden we een (weliswaar mooie en niet grauwe) eenheidsworst. Toch zonde.

Mooi zijn is bij mensen vooral vrouwenwerk. Met haar schoonheid lokt het vrouwtje de mannelijke aanbidders. Schoonheid en vruchtbaarheid zijn traditioneel de middelen die vrouwen in de strijd kunnen werpen. Bij mannen ligt dat toch anders. Het is natuurlijk nooit weg als ze er goed uitzien. Maar dat zit hem dan toch vooral in elementen die viriliteit (en dus goede genen) uitstralen als gespierdheid en een wilskrachtige kin. Vrouwen kiezen (overal op de wereld en in alle tijden) mannen ook op rijkdom en macht. En dat is niet alleen omdat ze zelf willen meegenieten van die rijkdom, maar ook omdat dat aangeeft dat die man een winnaar is, dat hij het komende kroost goed zal kunnen onderhouden.

Bij mannen geldt dat wie niet mooi is, rijk moet zijn.

Voor vrouwen was duizenden jaren lang de enige manier om op de sociale ladder te stijgen mooi te zijn en met een man uit een hoger milieu te trouwen. De kans dat Cleopatra haar koninkrijk min of meer overeind had kunnen houden als ze niet knap was geweest en zodoende de minnares werd van eerst Julius Caesar en vervolgens van Marcus Antonius, is verwaarloosbaar.

Een vrouw heeft er dus belang bij aantrekkelijk te zijn en daar doet ze een hoop voor. Een beetje vrouw gaat niet zomaar de deur uit naar een feestje, eerst passeert de hele garderobe de revue voordat er een keuze gemaakt kan worden en daarna volgen de bijbehorende attributen en een uitgebreide haar- en make-upsessie.

De vrouw als lustobject is iets waar feministen lang tegen hebben gestreden. Vergeefs. Het zit zo diep in het beestje, dat ram je er niet uit bij een man. Maar het wil trouwens niet zeggen dat een man je *alleen* als lustobject ziet. Daarnaast ziet hij best ook je humor, je talent of je goede karakter.

En eventueel, als je een bepaalde leeftijd bereikt hebt, ziet hij je niet langer als lustobject. Maar of dat de meeste vrouwen blijer maakt?

Vrouwen weten van jongs af aan dat ze moeten concurreren op uiterlijk. En dat maakt onzeker. En die onzekerheid houdt in veel gevallen aan tot tegen de tijd dat een beetje bouwvakker niet meer naar ze fluit.

Peer: *Dat vrouwen merkwaardige wezens zijn, is onder mannen al lang een goed bewaard geheim. Maar zelfs de meest verstokte man had niet durven vermoeden dat het zo erg was. Uit onderzoek van onze eigen RUG (Rijksuniversiteit Groningen) is gebleken dat vrouwen zich niet alleen met elkaar vergelijken (wisten we al), maar ook met vazen. Jawel, je leest het goed, met VAZEN! Vrouwen die ontevreden zijn met hun lichaam (en dat zijn ze allemaal) reageren anders op het zien van een dikke dan wel een dunne vaas.* 'De vrouwen die de dunne vaas zagen, voelden zich nadien nog ontevredener', *aldus de onderzoeker. De wakkere onderzoeker verwacht dat vrouwen zich ook met allerlei andere voorwerpen vergelijken. Dat zal de komende jaren ongetwijfeld tot een stroom interessante onderzoeken leiden. Mijn suggestie: chipolatapudding, gebruikte vershoudfolie, lantaarnpalen en hangbuikzwijntjes. En hoe zou het bij mannen zitten? Moeten er niet wat onderzoeken gedaan worden in de richting van komkommers, kerktorens, frikadellen, kruisraketten...*

In de middeleeuwen was je als vrouw met 35 jaar een oud tandeloos besje en de koene ridders op de witte paarden reden met een hele grote boog om je heen. Gelukkig blijven we nu *forever young*.

De mogelijkheden om dat te verwezenlijken zijn fors gegroeid en vrouwen maken daar ook dankbaar gebruik van. We pimpen ons helemaal suf en zien in de glossy's wat er van ons verwacht wordt. Slank en mooi, rimpels laten we wegtrekken, de lippen vol botox, siliconenborsten en designer schaamlippen.

De ellende is alleen dat we het straks allemaal hebben. Dan moeten we weer een stap verder gaan. Als iedereen mooi is, is niemand meer mooi. Mooi zijn kan alleen als het merendeel van de anderen minder mooi is.

Dolores: *Ja dames, we concurreren genadeloos met elkaar. Daar hebben die mannen voor de verandering eens geen schuld aan. We doen het zelf. Mannen maken en lezen geen glossy's en zijn niet geïnteresseerd in de nieuwe zomermode. Wat mannen betreft, mag die altijd hetzelfde blijven: minirokjes en blote truitjes. Kom je als vrouw thuis met je nieuwste aanwinst ('voor bijna niks in de uitverkoop' – ja die kerels geloven werkelijk dat het 't hele jaar door maar uitverkoop is), mag je blij zijn als hij een paar seconden de blik kan losrukken van de tv om vaag iets te mompelen dat je zou kunnen opvatten als enthousiasme.*

Peer: *Ja dames, jullie doen het inderdaad voor elkaar, niet voor ons. Geen man in de wereldgeschiedenis heeft ooit begrepen wat een vrouw nou met een 41e paar schoenen moest. Toegegeven, voor het versieren is een leuk uiterlijk nooit weg, maar heb je een man eenmaal aan de haak, dan kan het allemaal best een tandje lager. Wat dat betreft zijn wij mannen vriendelijke goedzakken. Als we eenmaal van je houden, dan houden we van je zoals je bent. En we snappen heus wel dat dat niet perfect is en al zeker dat dat niet altijd perfect gaat blijven.*

VAN ALLE TIJDEN

'*Zorgwekkend*' lees je steeds weer in de kranten, waar moet het heen met onze jeugd? De druk op onzekere meisjes om te voldoen aan het huidige schoonheidsbeeld is dwingend. En de arme wichten wordt nog zand in de ogen gestrooid doordat de modellen in de glossy's zijn gephotoshopt en dus mooier en dunner zijn dan mensen in werkelijkheid ooit kunnen worden.

Geen wonder dat ze massaal hun toevlucht zoeken bij de plastische chirurg, niet?

Niet dus.

Photoshoppen is van alle tijden en bestaat onder de naam retoucheren al vanaf het begin van de fotografie. En geen van de grote diva's uit de zwart-witfilm is ooit in close-up gefilmd zonder dat er eerst een dikke klodder vaseline op de lens gesmeerd werd om een boterzacht en verhullend plaatje te maken.

Voor die tijd huurde je natuurlijk geen dure portretschilder in om de pukkel op je neus realistisch neer te kwasten. Ja, een portret moet wel lijken, maar ook weer niet tè veel.

Een beschuldigende vinger naar de porno-industrie als een meisje van veertien haar schaamlippen tot kleutermodel wil laten bijsnijden? Hoe komt zo'n kind erbij? Van pornosterren op internet, vertelt de trotse moeder in een documentaire. En om te voorkomen dat dochterlief een complex oploopt gaan we dat dan maar voor een paar duizend dollar laten doen?Ja hallo, hier is niet de nieuw opgelegde norm aan het woord, hier is een slechte moeder aan het woord.

Zou het niet een zinnige eerste vraag aan het wicht zijn geweest waar ze haar gedegen kennis van de kutjes van pornoqueens vandaan heeft? Die krijg je heus niet van een verdwaalde pornospam in je mailbox.

Vervolgens zou je toch je geld beter uitgeven aan een therapietje om eens een beetje te sleutelen aan dochterliefs zelfbeeld in plaats van aan haar edele delen?

Alles wat kan, gebeurt ook. Er zullen altijd freaks zijn die tot het uiterste gaan en er zullen altijd onzekere meisjes zijn die denken dat vernieuwde lichaamsdelen daar een eind aan zullen maken. Maar laten we nou niet doen alsof het de nieuwe norm is van wat mooi is.

Dat bepalen we met z'n allen wel: '*Beauty is in the eye of the beholder.*'

Peer: *Je gaat je als man toch haast schuldig voelen door al dat gesnij en gebotox in de dames der schepping. Ze doen dat, neem ik aan, uiteindelijk toch omdat ze willen voldoen aan ons veronderstelde mannelijk schoonheidsideaal.*
Onder de mannen zijn er zeker broeders te vinden die geilen op alle afwijkingen die de menselijke geest maar heeft voortgebracht. Dus ja, er zijn mannen die opgewonden worden van de luchtballontieten van Lola Ferrari en er zijn mannen die graag gekust worden door de overvolle botoxlippen van Vanessa en ja, er zijn mannen die hem niet overeind krijgen als er schaamlippen aan een kutje zitten.
Maar neem nou van mij aan, lieve dames, (en hier vertegenwoordig ik dan maar even de grote zwijgende mannenmeerderheid) wij vinden er niet alleen geen donder aan, sterker nog, het is een turn-off! Doe ons maar puur natuur! En nu ik toch bezig ben, hou nou eens op voor ons te bepalen wat wij aantrekkelijk vinden. Dat kunnen we heel goed zelf!
(nou ja, een beugeltje op z'n tijd, dat kan nog wel door de beugel...)

De ware ontmoet
de liefde voorgoed

Relaties

MONOGAMIE

We zijn de laatste decennia opgeschoven van een monogame maatschappij (tot de dood ons scheidt) naar een serieel-monogame maatschappij: binnen een relatie geldt monogamie als regel, maar de relatie zelf is niet per se blijvend.

De mens is niet per definitie een monogaam dier. Wel een trouw dier. Mannen en vrouwen blijven langdurig bij elkaar om de kinderen groot te brengen. Hoewel het overgrote deel van de wereldbevolking monogaam is, is dat in de geschiedenis zeker niet de meest voorkomende vorm geweest. In de meeste culturen gold dat mannen er meerdere vrouwen op na mochten houden. In de praktijk was dit echter vaak een luxe die alleen haalbaar was voor koningen en adel, het (onder)houden van een harem is een prijzige zaak. En natuurlijk, er waren zelfs plekken op de aardbol waar vrouwen meerdere mannen mochten hebben, zoals in Tibet of bij de Eskimo's. Maar dat zijn uitzonderingen met extreme factoren waarbij de arbeid van één man niet genoeg oplevert om de kinderen goed te kunnen voeden.

Dolores: Zoekt en gij zult vinden. Biologen zoeken zich suf en het is iedere keer weer raak: de onderzochte diersoort gaat vreemd. DNA-onderzoek toont het keer op keer aan, van de hogere tot de lagere dieren. Er is slechts één diersoort bekend waarvan overspel bewezen niet voorkomt. Dat is het wormpje Diplozoönparadoxicum. *Deze diertjes geven een lichtend voorbeeld met hun ultieme liefdesdaad: na het paren versmelten ze. Nogal logisch natuurlijk dat ze daarna niet meer vreemdgaan.*

Een effectieve methode tegen vreemdgaan wordt gebruikt door de spinnensoort met de toepasselijke naam Zwarte Weduwe, waar het vrouwtje na de bevruchting het mannetje doodt en opeet. Rare tiepjes trouwens die spinnen. Bij weer een andere soort, de Stegodyphus Mimosarum *eten de babyspinnetjes, als ze uit het eitje komen, beetje bij beetje hun moeder op.*

Op zich is het natuurlijk niet zo onlogisch voor een mens om monogaam te zijn. Niet alleen doet dat kroost van ons er extreem lang over voordat het zelfstandig is. Eenvoudigweg het gegeven dat er evenveel jongetjes als meisjes geboren worden, pleit ervoor dat niet een paar mannetjes alle vrouwtjes krijgen en de rest likkebaardend langs de kant laten staan.

Bij kuddedieren als paarden werkt dat wel en zelfs onze neven de chimpansees doen het zo. Daar is de hierarchie zodanig dat het sterkste en slimste mannetje de absolute baas is. Totdat hij met geweld verdreven wordt door een jonger en sterker mannetje, enzovoort.

In kleine groepen kan dat nog goed werken, maar zodra een beschaving wat complexer wordt, moet er veelvuldig samengewerkt kunnen worden. En dat lukt niet met een systeem van *the-winner-takes-it-all* dat alle andere mannetjes buiten sluit. Die zijn vervolgens de hele dag maar met één ding bezig: ik wil ook sex!

Peer: *In huwelijken en relaties bestaat de beruchte* seven-year itch *echt. Statistisch is er een duidelijke stijging in het aantal echtscheidingen rond het zevende jaar. Dat is niet toevallig.*
In de oertijd waren mensenkinderen tegen die tijd al groot genoeg om zelfstandig met de groep mee te trekken en zonder twee ouders te overleven. Het zaad van de man kriebelde en stuurde hem weer op het vrijerspad om zijn genen via andere vrouwen door te geven.

Dolores: *Hersenonderzoek heeft uitgewezen dat het hormoon oxytocine te maken heeft met trouw. Gaat je vent vreemd terwijl hij toch zo'n leuke vrouw heeft, dan ligt het natuurlijk niet aan jou. Dan maakt hij gewoon òf te weinig van het spulletje aan, òf hij is er niet zo heel gevoelig voor. Daar maken we korte metten mee: gewoon wat oxytocine scoren en door z'n eten doen. Dan heb je geen kind meer aan hem.*

SCHARRELEN

Goed dus, we zijn monogaam. Dat betekent echter niet dat we het niet met andere partners dan die van onszelf aanleggen. Het betekent slechts dat de hoeksteen van ons bestaan (waar hebben we dat toch vaker gehoord?) dat gezin is, of in minder geïndividualiseerde maatschappijen, de familie.

Met sex heeft dat verder weinig te maken, buiten de monogame relatie doet de mens wat hij/zij altijd al heeft gedaan: scharrelen.

Monogamie en sexuele exclusiviteit zijn trouwens geen vanzelfsprekende eenheid. Legio zijn de verhalen van ontdekkingsreizigers uit vele delen van de wereld die gastvrij de vrouw of dochter van hun gastheer als bedpartner gepresenteerd kregen. Zouden ze onuitgenodigd met hun handen aan die vrouwen en dochters hebben gezeten, dan waren ze ongetwijfeld in de kookpot beland. Het gaat er niet zozeer om dat vrouw of dochter geen sex met een ander mag hebben, maar om de controle: ik als man ben degene die dat beslist.

Nou is het al lang niet meer vanzelfsprekend dat de man de baas is in huis, maar dat controle-element speelt soms plotseling weer op. Denk je net dat je hem mak als een lammetje hebt, komt ie opeens fel uit de hoek: '*Dat verdom ik!*' Zomaar uit de blauwe lucht en zonder dat er iets belangrijks ter discussie staat.

De *bottom line* (het wordt saai) is dat man en vrouw een andere bedrading hebben daar in die hersenpan. Ooit een vrouw zien meedoen aan het wereldkampioenschap luchtgitaar spelen? Ken je veel mannen die winkelen leuk vinden? Vraag aan een man om een vriend telefonisch uit te nodigen voor z'n verjaardag. Het gesprek duurt hooguit vijf minuten. Doe hetzelfde experiment met twee vriendinnen en de kans is groot dat aan het eind van het gesprek de avond voorbij is. Hij is na afloop van zijn telefoongesprek heel tevreden, de missie is succesvol volbracht. Ook zij is na afloop van het gesprek tevreden, ze is weer geheel op de hoogte. Met elkaar zijn ze minder tevreden. Zij begrijpt niet dat hij niets te weten is gekomen: hoe gaat het met de vrouw van de vriend, met de kinderen, het werk, de school, het huis, de tuin... Hij is gedurende haar gesprek met de vriendin ongeduldig en geïrriteerd geraakt, is wat door de kamer gaan ijsberen en heeft demonstratief de televisie aangezet. '*Dat eeuwige geouwehoer van jullie*', is zijn samenvatting van haar gesprek.

Mannen hebben een doel (een afspraak maken) en zoeken een manier om dat te bereiken (ik bel hem). Bij vrouwen is het maken van de verjaardagsafspraak bijzaak, die zijn bezig relaties te onderhouden.

Vrouwen willen graag alles uitpraten, mannen zijn daar al snel klaar mee.

Je kan een man keurig hebben afgericht om op jouw manier te reageren en dan opeens - PLOINK! - springt die bedrading weer in zijn originele stand. Het heeft geen zin je daartegen te verzetten, dat gaat toch niet werken. Maar als je het principe snapt, kan je daarmee goed uit de voeten.

'*Mannen zijn net grote kinderen*' is zo'n tegeltekst die niet gespeend is van wijsheid. Zeg tegen een kerel (wel een beetje subtiel verpakt, ze zijn nou ook weer niet achterlijk): '*Wedden dat jij dit weekend dat schuurtje niet in elkaar getimmerd krijgt?*' en de kans is groot dat er zondagmiddag een prachtschuurtje in de tuin staat. Begin je er voor de 23ste keer over dat hij toch beloofd had eindelijk dat schuurtje te gaan timmeren, dan is er op zondagmiddag alleen maar ruzie. En ja, hij had het beloofd. En ja, hij heeft achteraf spijt van de ruzie. Maar iets in zijn circuit zei STOP!, ik hoor hier de controle te hebben!

Net als voor kinderen, zou de hondenschool voor mannen helemaal niet gek zijn, vinden veel vrouwen. Maar waar dat voor kinderen geheel opgaat, is het voor mannen niet helemaal de juiste oplossing. Kinderen zijn afhankelijk van volwassenen en accepteren hun ondergeschikte plaats in de roedel. Een man kan je wel dresseren, maar op een goed moment ontwaakt er iets van die wolf in hem en denkt hij: hallo, ik was hier toch de baas van de roedel?

Dolores: *Waarom ben je destijds gestopt als relatietherapeut?*

Peer: *Ik was het zat om de hele dag alleen maar kapotte of bijna-kapotte relaties om me heen te zien. Onwaarschijnlijk, de puinhoop die mensen er soms van kunnen maken.*

Dolores: *Maar even later was je zelf gescheiden?*

Peer: *Nou ja... dat ook natuurlijk. Zag je voor je werk een slechte relatie, kwam je thuis dan zat je er middenin. De slager eet ook niet alleen biefstuk...*

Dolores: *Maar dan duik je vervolgens weer middenin de relaties door een bemiddelingsbureau op te richten...*

Peer: *Maar dat is anders. Daar doe je aan preventie. Als je een goede match maakt, hoop je dat ze niet uiteindelijk toch in relatietherapie belanden.*

Dolores: *Dan ben je dus expert op alle gebieden van relaties. Hoe ben je eigenlijk aan je derde vrouw gekomen? Uit je eigen bureau?*

Peer: *Tja, ik moet bekennen van wel. Dat mag natuurlijk niet, maar in tegenstelling tot de psychiatrie was de bemiddelingsbranche nog in handen van vrije jongens. En ja, je weet alles van je klanten. En je hebt ze voor het uitzoeken. Als je de kat op het spek bindt... Maar uiteindelijk was de bewuste klant, nu mijn vrouw, tevreden. Daar gaat het toch om?*

Dolores: *Moest ze nog wel commissie betalen?*

Peer: *Natuurlijk. De bemiddeling was toch geslaagd? Werk is werk, privé is privé.*

Het is waar dames: mannen zijn simpel en voorspelbaar, vrouwen zijn oneindig veel genuanceerder en complexer. Maar ook daarom zullen de mannen het tot het einde der dagen voor het zeggen blijven houden in de maatschappij. Ze gaan heel simpel, competitief en monomaan achter hun doel aan (rijk worden, de grootste paperclipfabrikant van de wereld worden, gouverneur van Californië worden) en voor dat doel zetten ze veel opzij. En voor het bereiken van dat doel zal het ze ook een rotzorg zijn of ze aardig gevonden worden.

Wellicht is de vrouwelijke manier van netwerken wel veel doorwrochter en sympathieker, meer uitgaand van een draagvlak, maar het duurt gewoon te lang. Tegen de tijd dat er een beslissing genomen is, zijn er al tien kapers op de kust geweest. Dus: zo lang het spel om de knikkers blijft gaan, zullen de mannen winnen.

Tips

(voor haar, om je vent af te richten):

• Dwingen werkt tegengesteld: hij gaat dwarsliggen. Eindeloos vragen en dan boos worden omdat het niet gebeurt, helpt ook niet. *Amstelveens spreken*, werkt vaak heel goed. Wat Amstelveens is? Dat is een taaltje dat heel erg op Nederlands lijkt, maar net een beetje anders is. Waar je in gewoon Nederlands zou zeggen *'Zet gvd nou eindelijk die vuilniszak eens buiten'* zeg je in het Amstelveens: *'Komt straks de vuilnisman niet?'* Hij heeft dan niet door dat hij een opdracht krijgt.

• Probeer hem te laten denken dat hij jouw suggestie zelf heeft bedacht. Dit is een verder doorgevoerde uitwerking dan het Amstelveens. Te gebruiken voor grotere projecten. Niet gaan zeuren of er nou niet eens een nieuw tuinmeublement gekocht moet worden, maar plaats af en toe wat hints en zorg er dan voor dat juist zijn stoel niet helemaal goed staat en hij dus onderuit gaat. Als vanzelf komt hij met exact de argumenten op de proppen die jij hem eerder influisterde.

• Appelleer aan zijn competitiedrang: *'De buurman heeft al een dakkapel.'* Deze werkt altijd bij mannen, zeker als je net iets te veel bewondering voor de buurman in je stem legt.

• Werk op zijn instinct om te willen winnen, zoals het eerder genoemde schuurtje: *'Het lukt je vast niet om ook in twee weekenden een schuurtje te bouwen...'* Wedden dat hij het binnen één weekend voor elkaar krijgt?

• Beloon gewenst gedrag uitbundig met naar jouw gevoel overdreven veel complimentjes voor de geleverde dienst. Je denkt dat het echt te doorzichtig is, de lieverd vindt het heel terecht dat hij uitbundig geprezen wordt voor het buitenzetten van de vuilnis.

• Tijgers en leeuwen leer je door een hoepel springen door ze na afloop iets lekkers te geven, mannen door ze na afloop sex te geven. Niet als directe tegenprestatie de benen spreiden, het moet iets subtieler. Straal uit dat dit weer helemaal de man was waar je destijds op viel en dat je er helemaal weer de kriebels van krijgt. Sleur hem vervolgens in bed en straal grote passie uit.

• Straf hem niet voor ongewenst gedrag door een sexboycot. Dat wordt strijd. Wel kan je hem in bed laten merken dat je er nauwelijks koud of warm van wordt, dan gaat hij, als hij eenmaal de relatie tussen het gewenste gedrag en jouw mate van opwinding door heeft, vanzelf zijn best doen.

Tips
(voor hem, om je vrouw af te richten):

• Hoop niet dat ze het vergeet. Vrouwen vergeten nooit dat je beloofd hebt iets te zullen doen. Wil je het echt niet, zeg dan duidelijk de eerste keer dat het onderwerp ter sprake komt dat je er niet over peinst en wel hierom. Beslist optreden wekt ontzag. Gaat ze er toch op door, dreig dan met lichaamstaal dat er ruzie komt.

• Heeft ze in een urenlange zwoegpartij alle meubels uitgeruimd en de vloer in de was gezet, zeg dan niet een, niet twee, maar wel drie keer hoe prachtig die vloer erbij ligt. Niet alleen krijgt ze graag een compliment voor haar werk, maar belangrijker nog, ze gaat dat klusje als haar specialiteit beschouwen dat niemand (dus jij ook niet) beter kan doen.

• Als je niet onder huishoudelijk taken uit kunt komen, straal dan niet uit dat je ze met tegenzin doet. Doe ze gewoon heel oppervlakkig. Zij gaat je dan voordoen hoe het wel moet. Luister geïnteresseerd en doe alsof je het probeert, maar zorg dat het steeds onder de maat blijft, hoe goed je ook je best doet. Meldt trouwhartig dat je met alle liefde het toilet schoonmaakt, maar dat je gewoon niet ziet dat het daar weer tijd voor is (hoewel jij net over de rand hebt gepist). Op een gegeven moment besluit ze dan dat ze het maar beter zelf kan doen.

• Vrouwen zijn dol op romantiek en cadeautjes. Het kan geen kwaad voor je relatie om op gezette tijden een cadeautje te geven. Als gever kan jij bepalen welke momenten dat zijn. Vlak na een ruzie met bloemen komen, helpt wel, maar zet op de lange termijn geen zoden aan de dijk. Vrouwen zijn geneigd op een gegeven moment iets te slikken om de lieve vrede te bewaren. Maar vergeten doen ze het niet. Geef haar iedere keer toevallig juist op zo'n moment een bos bloemen als pleister op de wonde, op de lange duur kijkt ze er anders tegenaan.

• Werk op haar schuldgevoel. Vrouwen zijn daar zeer gevoelig voor. Slechts eenmaal subtiel melden dat, doordat zij woensdagmiddag met vriendinnen weg was en jij de kinderen naar voetbaltraining moest brengen, je daardoor je deadline niet hebt gehaald en nu problemen hebt op je werk, is afdoende. Voortaan spreekt ze niet meer op woensdagmiddag af.

Waar de vrouw
de broeck aan heeft
de man
in deernis leeft

Man & Vrouw – rolpatronen

HUISHOUDEN

Als een man en een vrouw samen een huis betrekken, wordt een thema concreet dat daarvoor puur theoretisch was: de man-vrouwverdeling. Voordat je gaat samenwonen, is dat een leuk discussieonderwerp, eenmaal samenwonend kan het reden tot oorlog zijn. Wie doet wat en waarom niet?

Zij vindt dat hij te weinig in huis doet en zijn rotzooi laat slingeren, hij vindt dat het huis zo wel schoon genoeg is en dat hij heus wel zou gaan stofzuigen als zij het niet zoals gewoonlijk al had gedaan.

Die ruzies zijn te verminderen als hij meer taken op zich neemt, maar genoeg zal het niet snel zijn. Een praktische oplossing is het afkopen van het probleem door een goede schoonmaakster in te huren.

Mocht het stel echter kinderen krijgen, valt het onderwerp niet langer onder het tapijt te moffelen. Het aantal taken neemt dramatisch toe en valt niet altijd onder te brengen in keurige werkschema's. Wie geeft de kleine midden in de nacht zijn flesje? Wie verschoont die poepluier of sopt de kinderkots uit het kleed?

Dolores: *Eeuwig ruzie over wie wat doet? En erger nog: hij doet niet wat hij beloofd heeft en dus doe jij het dan maar?*
Is het niet af te kopen (dan is iedereen gelukkig)? Kijk dan eerst eens in de spiegel. Ligt het echt aan hem? Of zou het waar kunnen zijn wat hij roept, dat voordat hij gezien heeft dat er gezogen moet worden jij het alweer hebt gedaan? Als jij die Miep Kraak bent die geen stofje kan hebben, dan ligt het probleem bij jou en kan je het beter zelf doen. Geef hem dan klusjes waar je niet overheen kunt kijken, zoals de afwas, boodschappen doen of koken. En ga er niet automatisch van uit dat een man dezelfde klusjes leuk of vervelend vindt als jij. Als hij fluitend de auto uitsopt en met tegenzin de supermarkt bezoekt en bij jou is het precies andersom, waarom zou je die klusjes dan gelijk verdelen?
Lukt het niet er uit te komen, dan is het buigen of barsten. Accepteer de situatie en zeur er dan ook niet meer over. Kan je dat niet en blijft het een bron van irritatie: wegwezen nu het nog kan. Hardnekkige irritaties nemen nooit af, ze groeien door en worden door de jaren alleen maar groter.

MACHO

Met de komst van het feminisme werd niet alleen de aanval ingezet tegen de ongelijke verdeling, er werd tevens een offensief gestart om de mannelijke houding daarin te veranderen. Het was de dames opgevallen dat mannen niet alleen weinig deden in het huishouden, maar ook dat die zombies van zichzelf niet mochten huilen, altijd stoer moesten zijn en niet over hun gevoelens konden praten. Het was dus een *win-win* situatie: de vrouw zou worden bevrijd van het aanrecht, de man van zijn machojuk.

Peer: *Als kind van twee lesbische moeders en opgevoed in het Zweden van de jaren zestig was ik me er zeer van bewust dat het machismo een groot kwaad was in de wereld. Ik heb er als jonge student hard aan gewerkt om mezelf te verbeteren. Ik zat in mannenpraatgroepen, ging naar* rebirthing-weekends *en probeerde in direct contact te komen met Moeder Natuur.*

Ook in praktische zin was ik geëmancipeerd, alle taken werden gelijk verdeeld tussen mij en mijn schaarse vriendinnen. Maar iets klopte er niet.

Hoewel ik niet onknap was, viel het toch wel erg op dat mijn medestudenten van het vrouwelijk geslacht, ondanks hun opinies over mannenemancipatie, zich duidelijk sterker aangetrokken voelden tot een heel ander slag jongens, de stoere stukken met een ronkende motorfiets of een snelle auto. Ik had het nakijken met m'n tuinbroek en milieuvriendelijke bakfiets. Die jongens waren wellicht minder vrouwvriendelijk, maar ze straalden een viriliteit uit waarbij mijn vrouwvriendelijkheid bleek afstak.

En nu, op latere leeftijd, klagen diezelfde dames erover dat ik niet geëmancipeerd genoeg ben en met name dat ik liever mijn oog laat vallen op een leuk uitziend en strak gekleed jong ding, dan mijn nachten door te willen brengen in hun bed. Terwijl het toch van hun is dat ik geleerd heb dat uiterlijke presentatie belangrijker is dan goede bedoelingen.

Zo kon het gebeuren dat in de zeventiger jaren mannen bijeenkwamen in mannenpraatgroepen op zoek naar hun gevoel en hun vrouwelijke kant. Op heel veel enthousiasme van hun mannenbroeders mochten deze voortrekkers niet rekenen, maar daar trokken ze zich weinig van aan en in de praatgroepen werd menig potje gejankt.

Dertig jaar later zal, zelfs onder de zwaarste marteling, geen man bekennen dat hij vroeger ooit in een mannenpraatgroep heeft gezeten. Maar is daarmee dan ook de emancipatie van de man op niets uitgelopen?

Uit vrouwelijk oogpunt is die op zijn minst knarsend tot stilstand gekomen. De mannen hebben wel meer begrip gekregen, doen wat meer in huishouden en opvoeding en praten wat meer, maar het is nog steeds de vrouw die de kar trekt. Het is niet gelukt de gemiddelde man zijn vrouwelijke kant te laten ontdekken.

Je kan het ook heel anders zien. Uitgangspunt van dat zoeken naar de vrouwelijke kant is de veronderstelling dat mannen ook een vrouwelijke kant hebben en vrouwen een mannelijke kant. Als het maar zou lukken die beide kanten in evenwicht te krijgen, dan zou de gelijkwaardige mens zijn ontstaan. Gewoon een kwestie van een communicerend vat. Alleen zit er een verstopping, zodat het mannelijk deel niet over beide kanten van het vat kan doorstromen. Bel de loodgieter, laat de verstopping verhelpen en de man heeft toegang tot zijn vrouwelijke kant en wordt als vanzelf een evenwichtig en redelijk mens.

Het is een visie op de mens die niet alleen sterk uitgaat van de maakbaarheid van de mens, maar daarnaast ook van de vrouwelijke superioriteit. Als die mannenstakkers nou maar leren huilen, praten over hun gevoelens en leren zorgen, dan komt het allemaal wel goed met ze en daardoor met de hele wereld.

De wens is hier de moeder der gedachte, heel waarschijnlijk is deze veronderstelling niet en het is al een wonder dat mannen de laatste decennia zo'n eind in de richting van de vrouwenwensen zijn gekomen. Ze komen namelijk van Mars en niet van Venus. Niet letterlijk – voordat er weer een volksstam denkt dat dat nu bewezen is – maar figuurlijk. Nogal wiedes dat man noch vrouw hun erfelijke belasting van jager–verzorger niet van zich hebben kunnen afschudden. Je kan wel denken of willen dat iets anders is, maar dat wil nog niet zeggen dat dat dan ook daadwerkelijk verandert.

Dolores: *De hersenen van mannen en vrouwen zijn echt verschillend. Het mannelijk hormoon testosteron is daar sturend in bij de ontwikkeling van de hersenen. En in die hersenen zijn niet alleen sommige centra groter of kleiner bij mannen en vrouwen, ze werken ook anders.*

Mannen denken ook daadwerkelijk anders dan vrouwen. Waar mannen beter zijn in ruimtelijk inzicht, rekenen, redeneren en daadkracht zijn vrouwen beter in gezichtsherkenning, taal, sociale omgang en onderhandelen. Een zelfde probleem lossen ze anders op, de man zoekt duidelijke standpunten en beredeneringen om zijn conclusie op te baseren. Een vrouw wikt en weegt verschillende standpunten en zoekt meer naar een gemeenschappelijke noemer. Waarbij uiteindelijk de man het eerst klaar is en een onwrikbare mening heeft, terwijl een vrouw zich kan laten overtuigen door de argumenten van een ander.

Dat mannnelijk-vrouwelijkverschil is een soort lijn met aan de ene kant de supermannelijke hersenen die nogal rigide en autistisch aandoen (veel testosteron) en aan het andere uiteinde de supervrouw die niets anders doet dan gezellig babbelen en de boel bij elkaar houden.

De feiten over mannen en vrouwen zijn zo vaak opgelepeld dat ze zo langzamerhand toch wel als bekend mogen worden verondersteld. Ze kunnen zo op een serie tegeltjes:

- Mannen kunnen één ding tegelijk, vrouwen meer dingen.
- Mannen zoeken oplossingen, vrouwen begrip en medeleven.
- Mannen willen winnen, vrouwen gaan voor het spel.
- Mannen zijn solisten, vrouwen netwerkers.
- Mannen lossen hun problemen het liefst alleen op, vrouwen met elkaar.
- Mannen kunnen beter achteruit inparkeren, vrouwen hun emoties onder woorden brengen.

De lijst is lang en het is nog allemaal waar ook. Het is dus blijkbaar niet zo dat we niet weten wat het andere geslacht bezielt. We doen er gewoon niets mee en zo blijven mannen en vrouwen in veel opzichten gewoon langs elkaar heen leven. Zijn we nou zo dom? Nou...

Mannen zijn gewoon egoïstisch, ze hebben helemaal geen zin om uitgebreid te luisteren naar de zielenroerselen van een vrouw (tenzij ze die aan het versieren zijn natuurlijk). Wil die vrouw hun snelle oplossingen niet hebben, laat dan maar zitten, blijkbaar wil die vrouw dus helemaal niet uit haar sores verlost worden, dan heeft ze zeker niets meer om over te praten.

Bij vrouwen ligt het geheel anders. Die willen zich best verplaatsen in de denkwereld van de man. Maar ze vinden die zo simplistisch en oppervlakkig dat ze er duizend procent zeker van zijn dat hun manier veel beter is. En hun oplossing (ja, de Verenigde Dames zijn tot een oplossing gekomen!) is dat de heren moeten leren het leven op hun manier te doen. De arme onwetende schapen moeten heropgevoed worden, dan zien ze vanzelf het licht.

Het is net als met pogingen chimpansees te leren lezen en praten: ze zijn gedoemd te mislukken.

Hoewel de heren de afgelopen decennia best wel wat zijn gaan babbelen, wil het toch maar geen succes worden. Ze doen hun best, maar ze kunnen het gewoon niet.

De dames daarentegen weigeren het falen van hun experiment te erkennen en zich ook maar een beetje te verlagen tot het lagere mannelijk denken. Voorlopig komt het dus nog niet goed tussen man en vrouw.

Peer: *Volgens mij is het niet helemaal waar...*

Dolores: *Wat?*

Peer: *Jullie hebben het altijd over het glazen plafond dat vrouwen belet een grote carrière te maken. Is dat niet vooral klagen omdat je het zelf niet trekt?*

Dolores: *O, dat. Natuurlijk is dat klagen en meestal niet terecht.*

Peer: *Maar waarom doen jullie het dan?*

Dolores: *Omdat het goed werkt natuurlijk, domoor. Zonder drammen, krijg je niks in het leven. Nu worden er regelingen gemaakt hoeveel vrouwen er in leidinggevende posities in bedrijven moeten zitten, dat soort dingen. Tel uit je winst als vrouw. Jullie hebben nog de macht, maar wij spelen het slimmer.*

Peer: *En dan heb je ook nog die eeuwige riedel dat vrouwen het zo zwaar hebben, ze moeten een carrière maken, een goede moeder en vrouw zijn en ook nog eens een goede minnares. Dat is toch larie, geen man die dat allemaal van zijn vrouw verwacht.*

Dolores: *Daar heb je gelijk in, het is ook larie. Maar weet je hoe het komt?*

Peer: *Nou?*

Dolores: *We zien dagelijks hoe jullie mannen op al die gebieden behalve werk te kort schieten. Het is voor ons gewoon onverdraaglijk om te bedenken dat wij het net zo slecht zouden doen.*

Het mogen de hersenen zijn die anders in elkaar zitten, maar het zijn met name de hormonen die het verschil tussen mannen en vrouwen versterken. Vrouwen met veel mannelijke hormonen zien er niet alleen fysiek mannelijker uit, maar gedragen zich ook competitiever. Mannen met veel vrouwelijke hormonen zien er niet alleen vrouwelijker uit, maar gedragen zich ook vrouwelijker. Oudere mannen hebben minder hormonen die door het lijf suizen en zijn direct ook minder macho. Wil je mannen dus meer *in touch* laten komen met hun vrouwelijke kant, kan je ze beter een hormoonremmer geven dan een heropvoeding.

Maar: als Moeder Natuur had bedacht dat het beter zou zijn dat man en vrouw gelijk zouden zijn, dan had ze er wel voor gezorgd dat we met z'n allen hermafrodiet waren geworden.

Bezint
eer ge begint

Kinderen krijgen

NOG NIET AAN TOE

De Nederlander sterft uit. Sinds jaar en dag dalen de geboortecijfers. En een fors deel van wat er dan nog geboren wordt, hebben we te danken aan de allochtone medemens, die grotere gezinnen kweekt dan de Batavier.

De vraag of het uitsterven van de Nederlander een groot gemis is voor de EU en de wereld in het algemeen laten we hier maar even buiten beschouwing. Die vraag zou wellicht een te grote aanslag zijn op de traditionele Nederlandse tolerantie.

Het is geen nieuw verhaal, het ligt weer aan de dames: die willen eerst carrière maken en dan pas kinderen. Niemand in de wereld krijgt zo laat kinderen als de Nederlandse vrouw. En als we het al zouden willen, als nu-of-nooit-moeder van 38 zit een gezin met twaalf kinderen er niet echt meer in.

Wie zelden de schuld krijgen, zijn de heren. En toch zijn zij minstens zo verantwoordelijk voor het uitstel als de carrière van de dames. Een groot aantal heren der schepping heeft het zo druk met naast het werk ook nog eeuwig jeugdig en jongensachtig te blijven, dat er voor zo'n klein handenbindertje geen plaats meer is in hun agenda. Ze zijn er nog niet aan toe. En vaak komen ze er ook niet aan toe.

Niets dodelijker natuurlijk voor de tikkende tijdklok van de broedse vrouw dan ik-ben-er-nog-niet-aan-toe. Zegt je vent absoluut geen kinderen te willen, dan is het aan jou te beslissen wat je daarmee doet. Maar de ik-ben-er-nog-niet-aan-toe-man rekt tijd, zonder uitsluitsel te geven of hij er aan toe zal zijn voor het te laat is.

En zo wordt de kinderwens een tijdbom onder veel relaties. Met de deadline in zicht is het ook een veel voorkomende reden voor een relatiebreuk. Waarna de dame-in-tijdnood zich in allerijl in de armen van allerlei obscure potentiële verwekkers moet storten om te proberen haar kinderwens alsnog te bevredigen.

Het moge duidelijk zijn: van een afgewogen partnerkeuze is dan nauwelijks sprake meer.

Dolores: *Dames,* fair play *is absoluut een deugd. Maar tè eerlijk spelen terwijl de andere partij aan spelvertraging doet, dat leidt nergens toe.*

Bedenk: de macht ligt nog steeds bij ons. Dan moet hij die pil maar iedere dag zelf gaan slikken of een knoop in z'n zaadleiders leggen! Geen enkel voorbehoedsmiddel is honderd procent veilig, ook de pil niet...

'Jemig, wat klote nou dat het net ons moet overkomen!' *Mopper met hem mee en steun hem van harte in zijn voornemen de fabrikant van de pil voor het gerecht te gaan slepen. Kijk hem diep teleurgesteld aan als hij het waagt te opperen dat er mogelijkerwijs opzet van jouw kant in het spel is. Wat laag, dat hij zóiets van jou kan denken. Werp daar nog wat tranen achteraan en dat onderwerp is ook weer van de baan.*

Tien tegen één dat hij, als het zover is, verandert in een trotse vader en zich niet

meer goed kan herinneren dat hij er nog niet aan toe was.
Maar: je moet je geheim lang bewaren. Pas vele jaren later en op het goede moment (hij glimt van trots omdat zijn kind in de schoolmusical de sterren van de hemel heeft gespeeld) kan je het hem veilig vertellen.

Het is zover? We zijn aan kinderen toe? Nou, maak de borst maar nat.

We beginnen er natuurlijk niet lichtvaardig aan. Van tevoren is reeds alles uitgedacht. Waar de kinderkamer gaat komen, wat er in zal staan, welke kleur hij krijgt (rustgevend blauw, actief oranje of wellicht creativiteit stimulerende cirkels?).

Vrienden die al eerder kinderen kregen, worden kritisch bestudeerd en uit de daaruit volgende analyse komt al snel naar voren wat zij allemaal verkeerd doen. Dat hun blik even wegdroomt in herinnering van een vroeger kinderloos tijdperk als ze horen dat het zover is en dat ze meelevend zeggen dat er toch wel heel veel gaat veranderen, het mag de pret niet deren.

Modern ouderschap is van het prille begin af aan een hele onderneming.

Het begint al met de bevruchting. Niks dronken blinde passie. Eerst twee maanden van de pil af, je weet maar nooit hoe lang die hormonen nog invloed kunnen hebben. En allebei van de drank af, roken mag alleen nog maar stiekem, er wordt gezond gegeten, vooral veel groenten en fruit.

De moeder-in-spe is druk aan het rekenen en thermometeren en dan opeens mag de aanstaande vader vaker dan anders. Maar terwijl hij zich van tevoren daarop had verheugd, valt het om de dooie dood niet mee zijn zaadstengel in het gelid te krijgen. Erecties houden nou eenmaal niet zo van organisatie.

De daad wordt verricht middels onhandige, maar diepspuitende standjes, in de hoop die kleine zwemmertjes een eindje op weg te helpen.

En vervolgens wordt de hele voorraad zwangerschapstesten bij de drogist opgekocht.

ZWANGER

Dan is het zover. We zijn zwanger. Het valt nog niet mee dat eerst een tijdje geheim te houden, maar dan gaan ook alle remmen los. Alles wat een baby ooit nodig zal kunnen hebben, wordt aangeschaft en de eerste vakliteratuur geraadpleegd. De jonge moeder bestijgt, aarzelend gevolgd door de jonge vader, haar roze wolk om daar de komende maanden niet meer af te komen.

Vrienden zonder kinderen vinden ze onuitstaanbaar en gaan het paar vermijden. Vrienden met kinderen zoeken juist toenadering. Welkom in hun sekte. Met leedvermaak bekijken ze die roze wolk: wacht maar.

De moeder-in-kwestie bekijkt haar buik in de spiegel en ziet zichzelf voor het eerst als beeldschoon. De vader-in-kwestie kijkt bezorgd bij al dat geploeg en gepuf met die dikke buik, maar gaat verder wel braaf mee natuurlijk naar zwangerschapshaptonomie en -yoga, tenslotte krijgen we samen een kind, nietwaar?

Nietwaar. Dat harde feit blijkt bij de bevalling als de bijna-moeder in één keer van haar wolk afdondert en in de weeën terecht komt. Auw, dat doet zeer. De bijna-vader is daarvoor reeds in paniek geraakt toen de vliezen braken en dacht erover een ambulance te bellen. De plaatselijke vertegenwoordigster van de vroedvrouwenmaffia maande hem tot de orde, over een paar uurtjes kwam ze wel even kijken.

Allejezus, een kind baren blijkt hard werken te zijn, de nu-toch-echt-heel-bijnamoeder kreunt, steunt en schreeuwt het uit. De nu-toch-echt-heel-bijna-vader mompelt timide het woord '*verdoven*' tegen Donna Corleone van de vroedvrouwcnmaffia. Maar verdoven doen we hier niet, een beetje Hollands wijf verbijt de pijn en perst gewoon door. Verdoven is medicalisering van het mooiste moment van je leven.

Het gelukkige stel maakt het mooiste moment van hun leven mee, maar ze lijken dat niet te beseffen en zijn zo ondankbaar er niet van te genieten. De bijna-niet-meer-zwangere-moeder heeft er alles voor over om uit haar lijden verlost te worden nu het hoofdje er bijna door is, wie belt Amnesty International? De bijna-niet-meer-zwangere-vader beseft dat je een kind helemaal niet samen krijgt. '*Gelukkig maar*', denkt hij egoïstisch, vlak voordat hij bijna flauwvalt van het alleen maar aanschouwen van al dat bloed. '*Zat ik maar net als mijn vader destijds in de wachtkamer*', schiet onze held door het hoofd.

'*Whaaaaahhh!!!!*'

Het is zover, hoera! Het kleine wurm is eruit en krijst, alles is perfect verlopen. Het was een soepele bevalling, concludeert Donna Corleone en neemt het haar verschuldigde respect genadig aan. Uitgeput maar trots bekijken de kakelverse moeder en vader het product van haar gezwoeg. Nu alleen nog maar even hechten zonder verdoving.

BOEM!

De kakelverse vader is alsnog flauwgevallen.

Achteraf gezien is een bevalling maar een rimpeltje vergeleken met wat een eerste kind doet met je relatie. De kleine schat is altijd hongerig en huilt dat het een aard heeft. De trotse moeder is nu gegijzeld door de borstvoedingsmaffia en moet er bij nacht en ontij voortdurend uit. De trotse vader zucht medelijdend en draait zich weer om. Nou, dat zal hij weten.

Uitgeput en getergd slepen de beide ouders zich door de eerste maanden. Hij wordt bijna ontslagen omdat hij uit slaapgebrek lege enveloppen heeft verstuurd en de contracten die er in hadden moeten zitten in de papierversnipperaar heeft gedaan. En zij wil net lekker gaan rusten als eerst de kleine begint te krijsen en vervolgens ook nog de telefoon gaat, de zoveelste die zo nodig langs moet komen op kraamvisite. Kunnen die eikels dan niet lezen, er staat toch in duidelijk Nederlands: *'Moeder en kind rusten tussen twee en vier?!'*

Als ze dan eens probeert te ontsnappen en pa is de klos, dan moet ze eerst aan de melkmachine, de moedermelkmaffia en de eenkennige kleine hebben een hecht pact gesloten. Ma is de deur nog niet uit of de kleine lieverd heeft al die moeizaam gekolfde moedermelk over de trui van zijn verwekker uitgekotst. Wat nu?

Het komt uiteindelijk allemaal goed. Maar je relatie begint opnieuw. Hoe goed je het ook van tevoren hebt besproken, je weet niet meer wat je aan elkaar hebt. Het is onmogelijk te voorspellen wat een kind met iemand gaat doen. Is dit die onafhankelijke, ruige meid waar je op viel? Die zich nu ontpopt als een overbezorgde moederkloek? Is dit de moderne gelijkgestemde man waarmee je besloot kinderen te maken? Die zich nu probeert te onttrekken aan de poepluiers die hij beloofd had te verschonen en zo wild met junior omgaat dat je het dan maar liever zelf doet? Is dit die vrouw die er wel pap van lustte? Die nu helemaal geen zin heeft om weer met sex te beginnen, ook al is de kleine alweer zes maanden? Is dit die tedere minnaar die altijd rekening hield met jouw gevoelens? Die nu gewoon door wil neuken terwijl de kleine begint te huilen?

Nu ben je ook nog met z'n drieën. En je bent gebonden. De een vindt dat niet erg, de ander wordt er gek van. Hij wordt jaloers op alle aandacht die hij vanaf nu moet delen met dat kleine humpje. Kijk nou toch hoe ze met hem knuffelt en kust en vol van hem is? En ik dan? Wat doe ik hier nog? *Two is company, three is a crowd.*

Gefeliciteerd, je bent nu lid van de sekte van ouders. Vanaf nu zal jij je als een vampier met bloedarmoede op feesten en partijen aan vrienden zonder kinderen vastklampen om ze ervan te overtuigen dat kinderen iets is dat je van je levensdagen niet moet missen.

Het wordt nooit meer zoals vroeger. *Dass war einmal*. Na de tandjes en de ontwikkelingssprongetjes komt het gesjouw naar de crèche en dan moet je het weer eens zien te worden over de manier van opvoeden en dan de schoolkeuze en dan... Er is altijd wel iets dat moet.

De tijd vliegt. Je bekijkt stiekem die oude vakantiefoto's van voordat jullie kinderen hadden. Wie zijn die twee opgewekte jongelui daar hand in hand op het strand? Die gewoon lol konden maken zonder zich af te vragen of het wel goed gaat met de babysit? Je zou zo weer verliefd op hem/haar kunnen worden. Die hij of zij zou vast niet zo narrig/bezitterig/ongeduldig/bazig (doorhalen wat niet van toepassing is) worden als je eigen partner nu.

Peer: *Ik vind dat wij mannen het eigenlijk nog helemaal niet zo slecht doen in de opvoeding van onze kinderen. Vrouwen klagen altijd maar dat zij het meeste moeten doen en dat wij alleen maar de leuke klusjes overnemen. Laat het waar zijn dat de zorg tachtig-twintig verdeeld is. Hartstikke ongelijk natuurlijk.*
Maar kijk eens waar wij mannen gestart zijn: bij onze neven de mensapen is er geen enkele soort waarbij de vader zich bemoeit met het opvoeden en verzorgen van zijn kroost! Dan zijn wij mensenmannen met onze twintig procent de dames toch al een heel eind tegemoet gekomen? Ja toch?

De Liefde is als
een prachtige roos
Ook zij verwelkt

Liefde

LIEFDE IS...

... verliefdheid zonder de opspelende hormonen.

Als de eerste lusten voorbij zijn en de blik daar niet langer door vertroebeld wordt, kan je zien of de persoon met wie je verkering hebt ook een beetje het soort persoon is waarmee je verder zou willen. Daar zit verder weinig verhevens aan, het gaat meestal om heel basale dingen. Denk je een beetje hetzelfde over de wereld? Hou je van hetzelfde soort eten en dezelfde soort mensen? Zijn er niet te veel dagelijkse trekjes bij de ander waar je je rot aan ergert? Luistert die ander naar jouw mening?

Als dit soort vragen bevredigend zijn beantwoord, dan hebben we vaste verkering en plakken we er meestal gelijk het etiket Liefde op. Omdat dit verhaal natuurlijk weinig romantiek in zich bergt en we toch allemaal het gevoel willen hebben van uniek belang te zijn voor iemand op deze wereld, besluiten we met z'n allen dat hier sprake is van WARE LIEFDE. En dat beklinken we meestal met een witte sprookjesjurk en een groot feest op een kasteel of zo, met een romantische reis toe.

Keep on dreaming.

Nee, het is niet onze eigen kille visie op de mensheid, de wetenschap heeft wederom niet stil gezeten. Hieronder letterlijk het persbericht:

'Ware liefde? Neem liever een huisdier'

'Liefde is net als een blinde darm: een nutteloos overblijfsel uit een ver verleden. Voor je welbevinden en gezondheid kun je wellicht net zo goed een huisdier nemen.' Dat stelt bijzonder hoogleraar klinische gezondheidspsychologie Vingerhoets. Volgens de professor had ware liefde nut in een ver verleden, toen het voor vrouwen belangrijk was dat een vaste partner hen beschermde tegen het onveilige leven op de savannes. Tegenwoordig kunnen vrouwen zich makkelijk alleen redden en heeft liefde geen zin meer, aldus Vingerhoets. 'Als iemand tegen je zegt: ik hou van jou, is de kans statistisch gezien behoorlijk groot dat je door hem mishandeld zult worden. Daarom is een huisdier wellicht beter.'

Auw, dat doet pijn. Zijn we ons hele leven gespitst geweest op die ware liefde, als een relatie mislukte, zochten we zonder twijfel verder. De ware liefde moest toch ergens op ons wachten.

En nu dit.

Wat te doen? Niet alleen die vent bij het oud vuil, maar ook de glossy's die je al die jaren zand in de ogen hebben gestrooid? En daarna met gezwinde spoed naar het asiel?

Het ziet er naar uit dat Nederland hier onbewust al mee begonnen is. Nog een onderzoek:

'Huisdier soms geliefder dan familie en vrienden.'
'De liefde voor een dier kan ver gaan. Bijna een op de drie huisdierbezitters houdt net zoveel van zijn huisdier als van zijn familie of vrienden. Een kwart zegt net zoveel verdriet te hebben als zijn huisdier dood gaat als wanneer een familielid of vriend sterft.
Dat bleek maandag uit een onderzoek van Maurice de Hond.'

Wat zouden wij toch zonder al die onderzoeken moeten? Hoe zouden we anders ooit zo'n diepgravend inzicht in de menselijke ziel hebben kunnen krijgen? (de naam van de onderzoeker zal toch geen rol hebben gespeeld bij de uitkomst van de steekproef?)

Hier ontstaat een geheel nieuwe situatie in het menselijke bestaan, iets waar we niet op voorbereid waren. Die nieuwe mens-dierrelaties, daar zullen we mee moeten leren omgaan.

De professor maakt een denkfout als ze de liefde terugvoert naar het verre verleden op de savanne. De oermens deed nog niet aan Liefde. Liefde is pas veel later uitgevonden. De oermens had daar helemaal geen tijd voor. In verreweg de meeste maatschappijen bestond het concept liefde wel, maar het speelde in het dagelijks leven geen enkele rol. De partnerkeuze was een serieuze zaak die meestal een hoger belang diende dan alleen die twee mensen om wie het ging. Het onderhouden van de relatie met een andere clan, de status en de rijkdom van een familie gaven meestal de doorslag en de beide echtelieden hadden daar weinig bij in te brengen. Deze, tegenwoordig door ons als achterlijk beschouwde, werkwijze heeft de mensheid door verreweg het grootste deel van haar bestaan geholpen. Zoals de Indiërs zeggen: *'Je trouwt niet met de vrouw van wie je houdt, je houdt van de vrouw met wie je trouwt.'*

Liefde was weggelegd voor Goden en sprookjesprinsen. Echte prinsen mochten in werkelijkheid juist niet zomaar de eerste de beste jonkvrouw huwen. Die mochten ze er eventueel wel naast nemen, maar een koninklijk huwelijk was natuurlijk een zorgvuldig gearrangeerde zaak.

Er zijn natuurlijk talloze prachtige verhalen over liefde tot de dood. Romantisch, ver verheven boven het platvloerse geploeter van alledag. Maar als je goed kijkt is die liefde toch meestal ook wel erg vervuld van verliefdheid en lust. Het gaat bijna altijd om jonge mensen die elkaar willen en waarbij die liefde nog niet is geconsumeerd. En ja, de liefde is tot de dood, maar die volgt meestal vrij snel. Was het niet dat een hele serie van noodlottige misverstanden een einde maakte aan het leven van Julia en even later aan dat van de wanhopige Romeo, dan was het wellicht nog allemaal goed gekomen en waren ze wellicht getrouwd. En dan hadden we waarschijnlijk nooit van ze gehoord, omdat het ze zou zijn vergaan zoals de meesten van ons: kinderen grootbrengen, beslommeringen, sleur.

De beroemde verhalen over grote liefde gaan zelden over oude mensen, bejaarden die na vijftig jaar samen nog steeds van elkaar houden. Terwijl het daar is waar je zou moeten speuren naar Ware Liefde. Bij oude mensen die elkaars nukken overleefd hebben, de kinderen grootgebracht en uit huis hebben zien gaan, hun carrières hebben zien aflopen en zo met elkaar vergroeid zijn dat ze na al die jaren niets liever doen dan 's ochtends weer naast elkaar wakker worden. Dat is Ware Liefde.

Het idee van de romantische liefde voor iedereen en alledag zoals wij dat nu kennen, is van vrij recente datum. Het is pas de laatste tweehonderd jaar dat we in het Westen ook daadwerkelijk onze eigen partner vrijelijk begonnen te kiezen uit liefde.

En we zouden niet meer anders willen, ook al blijkt keer op keer dat de liefde geen beste raadgever is voor een verstandige partnerkeuze en ook al loopt eenderde van de huwelijken en relaties stuk ondanks die liefde.

Dolores: *We hebben het er maar druk mee, met die partnerkeuze. We geven veel geld uit aan adviezen, datingbureau's en andere hulpverlening. Er is echter geen andere weg, wij geloven heilig in de verworvenheid van de Ware Liefde. Liever geen partner dan een die niet de Ware is.*

Toch blijkt uit Nederlands onderzoek dat huwelijken die door de ouders zijn gearrangeerd zonder inspraak van het bruidspaar het even goed doen als huwelijken uit liefde. Het aantal echtscheidingen ligt vrijwel gelijk, de geluksbevinding ook.

Onderzoek uit India wijst uit dat zelfs de passie binnen gearrangeerde huwelijken groter is na een paar jaar dan bij huwelijken uit liefde. Tja...

Wie de herhaling
der seizoenen mint
is gelukkig
als een kind

Geluk

(Je moet maar durven: hoofdstuk 13 over geluk laten gaan...)

MEETBAAR

Als de Ware Liefde een zeldzaamheid is, hebben we dan meer geluk met geluk? Of was dat alleen vroeger heel gewoon?

Vraag je aan ouders wat ze later wensen voor hun kind, dan is het antwoord niet gezondheid, liefde, rijk of beroemd worden of carrière maken, maar: '*Ik hoop dat het gelukkig wordt.*'

Keer op keer meldt het Nederlandse Volk in enquêtes heel gelukkig te zijn. Om in andere enquêtes vervolgens te melden zich onveilig te voelen vanwege criminaliteit en terrorismedreiging. En somber te zijn over de economische toekomst. Evenals over het milieu. En de werkgelegenheid. En de eigen gezondheid, de integratie, de eeuwige tijdsdruk, de ...

Genoeg enquêtes dus. Ze zijn een vloek van deze tijd. Alles wat gemeten kan worden, wordt gemeten en wat zich niet laat meten maak je alsnog meetbaar. Tussen de duizelingwekkende hoeveelheid cijfers is altijd wel iets te vinden dat je eigen mening ondersteunt. Weg ermee dus.

Peer: *Nou ja, toch nog maar wat statistiekjes. Het zal niemand ontgaan zijn dat het slecht gaat met Nederland. We zakken af tot het sufferdje van Europa. Onze economie produceert niet genoeg, we zijn niet efficiënt en vernieuwend, we vergaderen ons helemaal suf, ons onderwijs deugt niet... We worden langzaamaan een vergrijzend derdewereldland. Toch?*

Niet dus. De Nederlander is nog altijd de op acht na rijkste persoon ter wereld. En ja, onze productiviteit per werknemer blijft ver achter bij de VS. Maar als je die productiviteit per uur neemt, blijken we productiever te zijn dan die yank. We werken gewoon minder per jaar en nemen de tijd om die rijkdom ook uit te kunnen geven. Veel verstandiger dan je helemaal suf werken tot je met een hartaanval in het ziekenhuis belandt. Toch?

Het is dus geheel terecht dat we op de vijfde plaats van de wereld staan wat betreft ons gelukkig voelen.

Niks meer te klagen dan? Nou, één dingetje: we worden gestoord van dat eeuwige geklaag en gemopper van de Nederlander. Kappen dus!

Interessant is dat in Europa de noordelijke landen het gelukkigst zijn en de zuidelijke landen het ongelukkigst. Lekker eten, mooi weer en dat gezellige Bertolligevoel maken dus blijkbaar niet gelukkig. Regenachtig somber weer wel?

Een beetje geluk moet je hebben met geluk. Dat is niet altijd afdwingbaar. Er zijn mensen die door de bliksem worden getroffen. Die hebben dus geen geluk. Daar kan je je niet tegen wapenen. Maar fatalistisch gaan zitten afwachten of je gelukkig wordt, dat is het beste recept om ongelukkig te worden.

Het goede nieuws: geluk is in hoge mate maakbaar.

Dolores: 'Het geluk is met de domme.' *Dit is nou eens een voorbeeld van een tegeltje dat de plank goed misslaat. Het geluk is vrijwel nooit met de domme. Simpelweg omdat je geluk moet afdwingen en als je te stom bent om voor de duvel te dansen, gaat dat je van z'n lange levensdagen niet lukken.*

Waarom is het dan zo'n hardnekkig succestegeltje? Die vraag is niet moeilijk te beantwoorden. Het zijn juist de dommen die hem op het toilet hangen en vervolgens maar vergeefs hopen dat dat geluk ook eens bij hen langskomt.

Niks nada natuurlijk.

Het oudst teruggevonden tegeltje met deze woorden stamt uit de tweede helft van de zeventiende eeuw. Interessant is dat er voor die tijd ook tegeltjes circuleerden met een vrijwel identieke tekst: 'het geluk is met de kromme.'

Neerlandici zijn erachter gekomen dat dat vanaf de veertiende eeuw een gebruikelijk gezegde was. In die dagen liepen er veel mensen met bochels en vergroeiingen rond en als een soort troost werd daar een positieve draai aan gegeven. Je kon dan wel kromgebogen door het leven moeten, maar omdat je altijd naar beneden keek, vond je nog wel eens een gouden munt of zo.

Het vermoeden is dat het eerste tegeltje: met 'het geluk is met de domme', een vergissing was. Een vergissing die zoveel succes had dat hij in het assortiment is gebleven.

Peer: *Het geluk is met de domme. Dat is nu wetenschappelijk vastgesteld. Hoe zit het? Het gelukkigst blijken de Nederlanders te zijn in Zuidwest-Overijssel en in Oost-Groningen. Zijn daar niet miljarden extra onderwijseuro's naartoe gepompt omdat die kleine autochtone boerenpummeltjes te dom waren om fatsoenlijk te leren lezen en schrijven? En, extra bewijs: het meest ongelukkig zijn ze in Den Haag. Terwijl je er toch gif op in kunt nemen dat het doctorandusgehalte onder de politici ver boven het landelijk gemiddelde ligt met al die ministeries, lobbyclubs en andere rond een regering klevende types. Logisch dat de intelligentie daar het hoogst van het hele land moet zijn. En toch zijn ze ongelukkig! Spaar die extra miljarden voor het onderwijs uit en hou het volk lekker dom. Voor hun eigen bestwil. Daar worden ze gelukkig van. En tegelijk* en passant *nog even een stelling van Aristoteles ondergraven, die stelt:* 'Het echte geluk is het onbeperkte gebruik van het verstand.'

De onvolprezen wetenschap heeft natuurlijk weer niet stilgezeten. Psychologen hebben geluk in een formule weten te vangen. Er is zelfs keuze:

formule 1: S + C + V = Geluk (Cohen/Rothwell)
(S = je aanleg tot geluk; C = omstandigheden als gezondheid en familie; V = factoren die je zelf in de hand hebt)

of
formule 2: P + (5 x E) + (3 x H) = Geluk (Seligman)
(P = persoonlijke eigenschappen; E = basis uitgangspunten als gezondheid en familieomstandigheden; H = behoeften boven het basisniveau)

Zelf zouden we altijd kiezen voor formule twee, die ziet er tenminste een beetje ingewikkeld uit. En iets dat zo moeilijk te bereiken is als geluk, dat kan toch niet in een simpel optelformuletje te vangen zijn? Wat denken die Cohen en Rothwell? Dat we Malle Eppie zijn?

Het is net als bij opvoeden, goede tips zijn welkom. Maar laat niemand ons vertellen dat datgene waar we vergeefs zo ons best voor doen eigenlijk bloedje simpel is. Dan gaan we steigeren.

Nou, ga dan maar vast steigeren: het is echt heel simpel.

GELUKSRECEPT

Wij zijn niet zo wiskundig ingesteld en geloven bovendien dat liefde door de maag gaat (dus waarom geluk niet?), vandaar dat we hier niet onze eigen geluksformule presenteren, maar wel een heus recept om gelukkig te worden!

1 schep karakter
1 zakje gemarineerde relaties
1 schep externe omstandigheden
1 schep zelfinzicht
4 scheppen relativering
6 scheppen saaiheid
6 scheppen tevredenheid
3 scheppen anti-waan extra vierge
(voor 1 persoon)

Men neme het *karakter* als basis. Dat moet goed rijpen. We leggen het *karakter* enige jaren in de marinade van het leven. Ieder *karakter* is weer anders, dus dat beïnvloedt de smaak van het recept. Er zijn mensen die altijd wantrouwend zijn of de minpunten van een situatie zien. De bekende vraag of het glas halfvol of halfleeg is. Ben je er eentje van halfleeg, dan heb je een probleem. Zo lang je dat blijft, kan je het schudden, het gaat niks worden met dat gelukkig zijn, het zit niet in je *karakter*.

Is dat *karakter* onveranderbaar en ben je dus nu al de lul? Welnee, *karakter* is een taai goedje, maar als je ziet waar je probleem zit, kan je er een heel eind aan sleutelen. Ben je aan de andere kant zo'n geweldige optimist dat je vindt dat het glas niet halfvol is, maar eigenlijk toch wel behoorlijk gevuld, dan heb je ook een probleem: blind optimisme zonder een redelijke grond is ook al geen goede basis, dan is je blik op de werkelijkheid vertekend. En waandenkbeelden gaan slecht samen met geluk.

Is het *karakter* eenmaal goed gemarineerd en op smaak, dan kunnen we verder met het volgende ingrediënt: *gemarineerde relaties*.

Relaties met anderen zijn essentieel voor geluk en als ze ook nog eens gemarineerd zijn, zijn ze lekker diep ingetrokken. Relaties met familie en vrienden moeten diepgeworteld zitten, aan oppervlakkigheid hebben we niks in dit recept.

Externe omstandigheden zijn een sterk goedje dat het recept heftig kan beïnvloeden. Dat vraagt om voorzichtigheid en juist dat is niet makkelijk. *Externe omstandigheden* zijn niet te beïnvloeden. De boom die op je auto valt, je partner die sterft, de lotto die je wint, het zijn prettige of juist akelige gebeurtenissen, maar het overkomt je; je kan er geen invloed op uitoefenen. Terwijl ze omgekeerd wel grote invloed uitoefenen op jouw leven. Als je partner sterft, is het niet denkbeeldig dat je daar erg verdrietig en ongelukkig van wordt. En dat is buitengewoon logisch. Maar dit ongeluk hoeft geluk in het verdere leven niet in de weg te staan, integendeel. Moeilijke *omstandigheden* kunnen je sterken, je duidelijker maken wat wel en niet de moeite waard is in het leven. En dat is weer goede bagage om gelukkig te worden. Het zijn dus smaakversterkers.

Waarschuwing: geen pseudo-omstandigheden aan het recept toevoegen, dat bederft alles. Een slecht huwelijk is geen omstandigheid waarop je geen invloed hebt, daar kan je gewoon wat aan doen.

Het volgende ingrediënt is *zelfinzicht*. Dat moet goed door het recept geklopt worden, zodat het overal aanwezig is. Medelijden met jezelf vanwege je slechte huwelijk? Wees eerlijk tegen jezelf en vraag je af wat jij aan dat huwelijk overhoudt. Dat kan meer zijn dan je denkt. Is hij een vette pad die alleen maar bierdrinkend en chipsetend voor de tv zit te boeren en te smakken? Wat doe jij? Ben jij die sprookjesprinses? Is er iets aan te doen? Als de optelling negatief uitpakt (jij bent echt een sprookjesprinses en hij blijft ook na je kussen een vette pad), gewoon kappen met die handel. Onverteerde resten en zelfmedelijden geven het recept een bittere smaak en dat kan het niet hebben, bitterheid en geluk gaan niet samen.

En nu wordt het moeilijk. Het recept zit zo mooi te sudderen in de pan, het lijkt wel af. En er dan maar liefst vier scheppen *relativering* in doen? Zou dat niet te veel verdunnen? Nou, vooruit, drie mag ook voor de wat angstige kok, maar vijf of zes maakt het nog lekkerder. *Relativering* is een zeer belangrijk kruid waar met name dat zure zelfmedelijden niet tegen opgewassen is. Vind je jezelf echt zo zielig omdat je je baan kwijt bent en en uit je huis moet omdat je de hypotheek niet kunt betalen? Kijk eens om je heen. De halve wereld heeft het zwaarder dan jij, miljoenen mensen hebben niks te eten. Hè, dat lucht op. Is je been geamputeerd? Wees blij dat ze niet eerst als medische vergissing je goede been hebben afgezet. Er is altijd iemand te vinden die het zwaarder heeft dan jij en als die er niet is, ben je dood en dan hoef je dit recept niet meer te bereiden.

Dolores: *Geluk is* slow food, *een kwestie van kleine stappen en langzaam thuis. Grote gulzige happen leveren hetzelfde op als een Big Mac: even een gevoel van verzadiging en daarna weer trek.*
Er zit een ingebouwd evenwichtsmechanisme in ons dat probeert de oorspronkelijke balans weer te herstellen. Winnaars van een loterij gaan direct sky high *en schieten in geluksgevoel tot het plafond. Maar een paar maanden later is hun geluksbeleving weer ongeveer terug bij waar het allemaal begon. Mensen die door een ongeluk invalide raken, dalen sterk in geluksbeleving. Maar ook hier hetzelfde fenomeen, na een tijdje keren ze terug op hun oude niveau. Drie keer een matige loonsverhoging werkt dus beter dan een enorme eenmalige bonus.*

Wat?!? Zes scheppen *saaiheid*? Dat moet een zetfout zijn. *Saaiheid*, dat is toch dat goedje dat ruikt naar oude winterjassen die net uit de mottenballen komen? Is *saaiheid* niet laatst in een EU-richtlijn verboden?

Saaiheid dus. Inderdaad net als oude groenten zoals postelein, reeds lang afgedankt in de trendy keuken, maar nu langzaamaan weer aan zijn comeback bezig. *Saaiheid* is een uitstekende stabilisator, hoewel toegegeven moet worden, dat er een laf smaakje aan kan zitten. Maar dat gaan we later neutraliseren.

Saaiheid geeft rust en regelmaat (waar hebben we dat toch vaker gehoord?). Kan kortstondig geluk heftig en overweldigend zijn, voor langdurig geluk zou dat veel te zwaar op de maag liggen. Je kan niet in gelukzaligheid naar het opbloeien van de narcissen in je achtertuintje kijken als er niet een dosis *saaiheid* in je zit. Het is een essentieel onderdeel van het recept voor geluk. Het is de *saaiheid* die zorgt dat je niet voortdurend staat te stuiteren om je ervan te overtuigen dat het gras bij dc buren nog groener is en bij hun buren nog weer groener en bij de buren van de buren…

Hand in hand met de *saaiheid* moeten er ook zes scheppen *tevredenheid* door ons pruttelende potje geroerd worden. Zonder dit ingrediënt is geluk onmogelijk. Pas als je in staat bent *tevreden* te zijn met wat je hebt, is er de mogelijkheid de ware smaak van geluk goed te kunnen proeven. Ben je er zo eentje die pas tevreden is als je wereldkampioen wordt? Dat is niet erg als je het ook daadwerkelijk wordt, maar voor die volksstammen die het niet worden, ligt ongeluk op de loer. Kunnen genieten van wat je hebt, die narcissen in dat kleine achtertuintje van je, dat maakt het recept af.

Laten we even proeven, hmmmm, niet slecht, maar toch nog niet helemaal top. Er ontbreekt nog iets. O ja, natuurlijk, die ouwe mottenballensmaak van *saaiheid* is er nog niet helemaal af, die moet nog even geneutraliseerd worden met het laatste, zeer sterke kruid: de *anti-waan extra vierge*.

Saaiheid is de natuurlijke tegensmaak van groots & meeslepend. En groots & meeslepend is het hoofdkruid waarmee we het leven tegenwoordig smaak geven. Een grote vergissing in de *fusion cuisine* van het leven. Het is een sterke maar kunstmatige smaakmaker die het vermogen tot zelfreflectie ernstig aantast. Het gevoel iedere dag maar weer van kick naar kick te moeten stuiteren, de adrenaline te laten vloeien, nieuwe trends te moeten zetten, altijd vooraan te moeten lopen, altijd de doodsangst achterin je hoofd dat je iets mist. Het is als speed of xtc, je danst de hele nacht onvermoeibaar door, het is één grote kick. Maar dan is het op. Lichaam en geest zijn leeg, er moet eerst bijgetankt worden. Probeer je het jaar in jaar uit vol te houden, dan rest er slechts één ding: peilloze leegte. En peilloze leegte verhoudt zich in het geheel niet met geluk.

Na toevoeging van de *anti-waan extra vierge* het geheel nog eens goed doorroeren en op een zacht pitje nog twintig minuten laten sudderen.

Uw geluk is klaar. Eet smakelijk!

Peer: *Groots & meeslepend! Welke gek heeft ooit bedacht dat dat een levensdoel moest worden? Groots & meeslepend, dat is slechts voor weinigen weggelegd en die zijn er niet comfortabel 83 jaar mee geworden. Dan hebben we het toch over grootheden als Alexander de Grote, Lord Byron of Jim Morrison, dames en heren. En niet over bungeejumpen of survivaltochten! Dat zijn suffe bezigheden waarbij vergeleken het overlijdensrisico van een bejaardenbusreis naar de Keukenhof groot is. Groots & meeslepend vereist een jonge dood, anders loopt het verkeerd af en moet je als zielig trillend hoopje alsnog van het Hilton afspringen om toch nog groots & meeslepend te eindigen.*

Het mag duidelijk zijn dat ik niet zo'n hele hoge pet op heb van de beroepsgroep der filosofen, maar er zijn uitzonderingen die de regel bevestigen. Blaise Pascal, Frans filosoof (1631-1662) schreef: 'Alle ellende komt voort uit één ding: niet rustig in de kamer weten te blijven zitten.'

Scheiden
doet lijden

Crisis

Iedere langdurige relatie heeft op gezette tijden wel een crisis. Waar we het hier over hebben is DE crisis: gaan we samen door of gaan we uit elkaar?

DE crisis is leverbaar in vele uitvoeringen.

Een paar veel voorkomende varianten verdienen extra aandacht.

DE MIDLIFE

Dit is een echte mannencrisis. Vrouwen hebben er zelden last van. Die hebben vanuit hun onzekerheid in de tienerjaren hun doelen nooit zo hoog gelegd. Mannen worden niet getergd door al te veel zelfreflectie en geloven dat de wereld aan hun voeten ligt. En op een dag worden ze wakker en komen ze tot de onthutsende conclusie dat ze geen jonge adonis meer zijn, dat van hun hemelbestormende plannen weinig terecht is gekomen en dat hun grote liefde veranderd in een een vriendelijke moeke. De tijd is ongemerkt weggelekt. Wat hebben ze eigenlijk zitten doen al die tijd?

Voor een man is dit een haast onverdraaglijke gedachte. Iedere ochtend aan de ontbijttafel ziet hij in deze vrouw en dit gezin de afspiegeling van zijn falen. Het is hem te veel, het is hem te pijnlijk om dit nog langer onder ogen te zien. Hij moet hier weg. Het is nu nog niet te laat om groots & meeslepend te gaan leven.

Maar dat valt om de dood nog niet mee, zeker niet als je alweer een dagje ouder bent geworden. Voor hij het weet, is hij aan de tweede leg en zit hij weer midden in de baby's en luiers, met een vrouw die uiteindelijk net zo zeurt als de vorige. Met nog steeds dezelfde onvervulde dromen.

DE GREENFIELDS

Ook alweer zo'n mannending. Kan in zware gevallen samengaan met de midlife. Het lijkt op die ouwe mop over de stier Hannibal. Die ziet in een nabijgelegen wei een leuke koe staan. Hij neemt een aanloop en springt over het prikkeldraad dat hem van haar scheidt. '*Ik ben Klara*', zegt de koe. '*En ik ben Hannibal, of zeg maar Hanni, m'n ballen zijn aan het prikkeldraad blijven hangen.*'

Het gras aan de overkant is groener dan in de eigen wei. De eigen versleurde relatie, de eigen toch wel wat uitgezakte vrouw, het weinig spannende dagelijks bestaan. Wat lonkt die sappige grazige weide ginds toch. Het gras daarginds is beslist sappiger dan het gras hier thuis. En net als Hannibal besluit hij de sprong naar de nabijgelegen wei te wagen, ondanks het risico de billen te branden. Huis en haard wordt achtergelaten voor de sprong in het diepe.

Hoe diep het diepe is? Niet zo heel diep. Een man verlaat (tenzij het echt heel erg mis is) niet plotseling vrouw en gezin zonder een alternatief te hebben. Ook niet als hij zegt dat hij dat doet. Het alternatief van de Greenfieldsman is als altijd een Klara de koe. En bijna zeker eentje van een beduidend recenter bouwjaar dan moeder de vrouw. Maar meestal blijkt van dichterbij dat het gras in de nieuwe wei minder groen is dan het van een afstandje leek. Maar kijk daar, in die wei verderop, daar ziet het er pas echt groen uit...

Dolores: *Jij zit in je derde huwelijk, wat ben jij er voor eentje?*

Peer: *Eens kijken... de eerste keer was een midlife ben ik bang. Maar dat kan je maar één keer doen.*

Dolores: *En de tweede keer?*

Peer: *Dat was duidelijk een Greenfields. Die kan je lang volhouden.*

Dolores: *Als je weet hoe het in elkaar zit, is het dan niet stom om ermee door te gaan?*

Peer: *Als je alleen maar kijkt naar hoeveel kans je had om niks te vinden en dood te gaan, dan was er nooit iemand op ontdekkingsreis gegaan. Dan dachten we nu nog dat Amerika niet bestond. Jij doet het beter?*

Dolores: *Ik ben serieel monogaam. Zo lang ik een relatie heb, kijk ik niet naar andere mannen.*

Peer: *O...? Vorig jaar was anders, als ik het me goed herinner, bij jullie het huis te klein toen je vriend je met een ander betrapte.*

Dolores: *Ja, maar toen was het al uit.*

Peer: *O, dat wist ik niet...*

Dolores: *Dat was precies het probleem: hij wist het ook nog niet.*

DE BINNENVETTER

Dit kan natuurlijk alleen maar een man zijn. Twintig jaar lang lag hij met de benen op het bijzettafeltje tv te kijken. Twintig jaar lang was hij met geen stok zover te krijgen om over de relatie of zijn gevoelens te praten en op een dag komt hij thuis en zegt hij dat hij weg gaat. De relatie is ondraaglijk. Meer valt er volgens hem niet over te zeggen. De binnenvetter is niet van zijn besluit af te brengen en vertrekt het liefst zo snel mogelijk. Gewoon laten gaan en snel een ander slot op de deur laten zetten voor het geval hij zich bedenkt.

DE MINNAAR/MINNARES

Niet alleen mannen hebben minnaressen, er zijn ook zat vrouwen die een minnaar hebben. Maar ze gaan er verschillend mee om en ze doen het om een andere reden. Als een vrouw een minnaar heeft, is het meestal een langdurige relatie. Ze is daaraan begonnen uit ongenoegen met haar eigen relatie. Deze man draagt haar op handen, raakt nog echt opgewonden en wil met haar praten. Ze zal niet snel betrapt worden, dus meestal leidt haar minnaar niet tot een crisis in haar relatie. Mannen met een minnares doen het voor de sex en de spanning. Bij hun vrouw thuis is weinig opwinding te halen, bij hun minnares voelen ze zich weer het haantje.

Mannen kunnen slechter liegen dan vrouwen en vrouwen op hun beurt hebben een zeer goed ontwikkeld reukzintuig voor vreemde parfums. Eén enkel slingerend haar op z'n trui, één prietseltje lipstick en de Don Juan is erbij. En dan zijn de poppen aan het dansen. Met twee mogelijke aflopen. De ex-Don Juan belooft beterschap en kapt met zijn minnares. In de praktijk betekent dit een oogluikend gedogen door zijn vrouw. Mannen in dit soort situaties worden draaideurcriminelen, over drie maanden heeft hij alweer een andere minnares.

De andere mogelijkheid is hem de deur uit te zetten. Einde verhaal. De ex-Don Juan zal dit zeer onredelijk vinden en zich nog tot lengte van dagen slecht behandeld voelen.

DE LEEGTE

Dit is er een voor vrouwen. Jaar in jaar uit heeft ze getrokken aan een relatie die nog doder was dan een dood paard. Er viel geen beweging in te krijgen. De relatie was slecht en wat ze ook deed, hij bleef slecht. Maar een vrouw zou een vrouw niet zijn als ze niet dacht dat door haar inspanning en goede zorgen de boel toch zou verbeteren. En zo is ze tien jaar te lang gebleven. Het is op, er is niets meer. Ze kijkt naar de man met wie ze haar halve leven heeft gedeeld en ziet een volslagen vreemde op de bank zitten.

Hier is snel deskundige hulp nodig: zelfmoord of een diepe depressie liggen op de loer.

Dolores: *Ben jij zo'n dame wiens hart gesmolten is voor je toenmalige verkering toen hij je in het oor fluisterde dat hij samen met je oud wilde worden? De ultieme romantiek. En ben je nog met hem samen? Waarschijnlijk niet. En als het zo is waarschijnlijk niet lang meer.*

De Universiteit van Malmö heeft het haarfijn uitgezocht. Voor veel vrouwen blijkt deze ontboezeming aanleiding te zijn geweest om de relatie in serieuzer vaarwater te laten komen. Met minder romantische en serieuze mannen namen ze geen genoegen.

Maar vijftien jaar later blijkt het echtscheidingspercentage bij stellen waarvan de heer zo nodig met de dame oud wilde worden twee maal zo hoog te zijn als bij stellen waarbij dit thema nooit specifiek ter sprake kwam.

Dus: dames, hoedt u voor dit soort slijmjurken! Aan in het verleden geuite voornemens kunnen in de toekomst geen rechten worden ontleend.

Zoals sommige ziekten kunnen genezen terwijl je aan andere dood gaat, zo kunnen sommige crises overwonnen worden. De crises hierboven hebben een slechte prognose. Omdat ze de etterige uitbraak zijn van iets dat al veel eerder is geïnfecteerd. Daar helpen geen moermandieet of homeopathische druppels tegen.

Langdurige relaties zijn gewoon link spul. Als één op de drie huwelijken eindigt in een scheiding, dan is de kans dat het jou zal overkomen dus groot.

Je gaat joggen om in conditie te blijven, je eet groenten en fruit voor de gezondheid, je rookt niet meer en drinkt met mate, maar die relatie, die moet het zelf maar uitzoeken. Als je een kans van één op drie had om bij het oversteken door de bus overreden te worden, dan zou je wel heel erg goed uitkijken voor het oversteken. Of sterker nog, dan had Veilig Verkeer Nederland er ongetwijfeld zorg voor gedragen dat alle zebrapaden van Nederland door voetgangerstunnels waren vervangen.

Conditietraining, dat moet je in een relatie dus ook doen. En dan niet achter hem aan rennen om te kijken of er wellicht een derde in het spel is, dan ben je alweer te laat. Kijk naar elkaar en vooral naar jezelf.

Veel crises komen zogenaamd als een verrassing voor één en vaak zelfs voor beide partijen. Kul. Er is nog nooit een langdurige relatie op de klippen gelopen zonder waarschuwing. Nooit. Een plotselinge heftige verliefdheid waar je geen weerstand tegen kan bieden? Dat kan je alleen gebeuren als je ervoor open staat. Jarenlang tot beider tevredenheid geen sex meer gehad en dan opeens is er een ander? En blijkt die sex toch een breekpunt te zijn geweest? Verrassing? Hoezo verrassing?

Kijk, een dosis sleur is erg gezond en mag in geen relatie ontbreken. Maar het is precies zoals je moeder het vroeger al zei: '*Alles waar tè voor staat is ongezond.*' Tè weinig sex, tè weinig gemeenschappelijke bezigheden, tè weinig gezamenlijke belangstelling, tè weinig vrienden, tè weinig praten. En ho even dames, niet gelijk weglopen, nu geen misbruik van de situatie maken door uw heer middels bovenstaande zin te dwingen tot driemaal daags een goed gesprek. Tè veel praten is al net zo ongezond, net als het allemaal tè veel op jouw manier willen doen.

Peer: *Ze blijven maar onderzoeken, die wetenschappers. Wat ze nou weer uitgevonden hebben over echtscheidingen: het zijn juist die verstandige en redelijke mensen die na de scheiding goede vrienden willen blijven die het meest ruzie maken om de kinderen. Logisch toch? Je bent immers een begrijpende en betrokken ouder en wilt het beste voor je kind. Dus strijd je als een leeuw om je kroost, dat immers in handen van je ex niet goed tot z'n recht zal komen. Erg beschadigend, dat is bekend, maar het moet nu eenmaal. Voor hun bestwil.*

Wie alleen oog heeft voor juwelen

ziet een goudschat niet

Zoeken – daten, the sequel

OPNIEUW SINGLE

En daar staan we dan, de wonden gelikt, we zijn opnieuw single. Dat is even behoorlijk wennen na zoveel jaar, weliswaar met de verkeerde partner, te hebben samengewoond. Dat alleenwonen op zich is al een hele overgang en hoewel je net iets te hard van de daken schreeuwt hoe groot de opluchting is om van hem/haar af te zijn, het valt nog niet mee. Hier kan het toch niet allemaal om begonnen zijn, en je moet nog zo lang in het leven. Nee, er moet nog een mooie groene wei in de verte voor jou zijn weggelegd, je bent nog in de bloei van je leven. Je hoeft dat weitje alleen nog maar even te vinden.

Peer: *Het ministerie van Volksgezondheid moet een grote gezondheidscampagne beginnen tegen het singlezijn. Op iedere single zou een grote waarschuwing gedrukt moeten worden: single zijn kan ernstige gevolgen hebben voor de gezondheid.*

Het is niet roken, drinken of overgewicht dat de Nederlander de meeste levensjaren kost. Ver daarbovenuit stijgt het singleschap.
Singlezijn is dus een ernstig gezondheidsrisico!
Het wachten is nu op een ziek geworden single die de glossy's aanklaagt en smartengeld eist omdat ze haar niet hebben gewaarschuwd dat singlezijn gevaar kan opleveren voor de gezondheid.

Natuurlijk ga je niet te opvallend zoeken, de *Happy Single-act* heb je snel onder de knie. Het is niet chic om al te hard te gaan zoeken en bovendien wekt het twijfels aan je zelfstandigheidsgehalte. Maar ondertussen zijn de oren gespitst en de ogen waakzaam; de ware mag niet ongemerkt voorbijgaan.

Het blijkt dat de klaagzangen uit de glossy's gelijk hebben, waar zijn die leuke vrije mannen? Bosjes gelijkgestemde vriendinnen zoeken naar die enkele witte raaf. Hoe kan dat nou, al die gescheiden dames die hadden toch ook een heer? Of zijn al die gedumpte heren bij elkaar die kneuzen die je steeds maar weer tegenkomt als een man vrij blijkt te zijn? Of zijn al die leuke mannen er met een jong ding vandoor? Dat kan haast niet, zoveel jonge dingen met een vadercomplex kunnen er toch niet rondlopen?

Peer: *Het is me al een aantal keren overkomen dat ik me sterk aangetrokken voelde tot een vrouw, maar dat ik niet snapte waarom. Zo aantrekkelijk was ze nou ook weer niet, ik kende haar verder niet, ze was niet m'n gangbare type...*
Na lang piekeren, kwam ik er dan achter hoe het zat: ze glimlachte net zoals m'n eerste grote liefde of ze had dezelfde ogen als die dame waar ik toen een jaar lang (vergeefs) zo bloedverliefd op was.

Uiteindelijk blijkt dit fenomeen nog veel basaler te zijn. Tussen grofweg je vijfde en achtste jaar maak je een soort plaatjesboek aan met elementen of gezichten die je bevallen. Je moeder was groot en had donkere krullen, je juf die zo lief kon glimlachen, je eerste geheime liefde in de persoon van de buurjongen, het meisje in je klas met die kuiltjes in haar wangen, die filmster...
Bij iedere scan die een man maakt, vergelijkt hij de dames die in aanmerking komen met de profielen in zijn prentenboek. Ook de dames vergelijken liefdeskandidaten met hun prentenboek.
Wie niet voldoet aan het profiel heeft weinig kans.
Vandaar dat je bij een blind date met iemand waarmee je uren genoeglijk aan de telefoon hebt gehangen bij de deur al kan weten: deze nooit!

OP ZOEK

En waarom lukt het die kneuzenmannen toch steeds weer om zich uit de verte voor te doen als een leuke vrije vent om als je pech hebt de volgende ochtend door de mand de vallen als een saaie loser?

De oplossing van de raadsels zit hem in de reactie van de heren op het uiteenvallen van hun relatie. De kinderen zijn vaak toegewezen aan de moeder, zij zitten in een treurig appartementje, koken niet voor zichzelf en hebben de grootste moeite fatsoenlijk gekleed op hun werk te komen. Automatisch hebben ze ook veel medelijden met zichzelf en willen ze zo snel mogelijk uit hun lijden verlost worden. En ook weer eens lekker kunnen neuken. Natuurlijk kunnen ze ook betaalde sex krijgen, maar dan voelen zich nog meer een loser en nog zieliger dan ze al waren.

Dus wat doet een beetje kerel? Dic stapt zo snel mogelijk in een nieuwe relatie. Liefst met een leuk jong ding. Als die niet bij de hand zijn met de eerste de beste dame die zich daar een beetje voor leent.

Alles liever dan alleen zitten te treuren op dat zolderkamertje. Liever een tweedekeusrelatie, dan het zwarte gat van de eenzaamheid.

Nee dan de zoekende dames. Die komen net uit een mislukte relatie en hebben zich heilig voorgenomen het dit keer goed te doen. En daartoe zijn ze prima geëquipeerd, ze dragen een heel mensenleven aan ervaring met mannen en relaties met zich mee en weten precies wat ze wel en wat ze niet willen. Het mag dan wat langer duren, maar als ze een man vinden, dan moet het ook de juiste zijn.

De aanstaande prins moet niet alleen aantrekkelijk zijn en goed gekleed, hij moet aan de hele overbekende rest van het lijstje voldoen: charmant en romantisch zijn en veel gevoel voor humor hebben, hij moet mannelijk zijn, maar toch ook veel ruimte aan zijn zachte kant kunnen geven. Hij moet niet alleen een goede minnaar zijn, maar ook kunnen praten over zijn gevoelens, hij moet hoogopgeleid zijn, in bezit van goede baan en auto, maar ook weer niet blind achter zijn carrière aanstormen, dan is er geen tijd om te reizen. Hij moet niet zijn blijven steken in zijn vorige relatie, niet onder de plak bij zijn moeder zitten, zijn kleren 's avonds netjes over de stoel hangen, van cultuur houden en geen winden laten in bed. En o ja, hij moet vreselijk verliefd op haar zijn, haar kinderen geweldig vinden en ook nog eens trouw zijn. En niet te vergeten, hij mag vooral geen witte sokken dragen. (Ja, het klopt, de lijst is in de loop der jaren nog langer geworden.)

Tja...

Hij moet toch te vinden zijn, zo'n charmante en voorkomende heer, denkt onze zoekende prinses. Tenslotte zijn zelfs de bouwvakkers tegenwoordig al veel beter gemanierd dan vroeger, toen ze je nog ordinair nafloten op straat. Of zouden...?

...of zouden die bouwvakkers nog altijd als vanouds de meisjes nafluiten? Maar zien ze jou als meisje van begin veertig niet langer als fluitbaar? Toegegeven, ondanks poweryoga en joggen is het figuur een paar maatjes uitgelopen, en je let steeds beter op wat je wel en niet kunt aantrekken. Maar met de juiste make-up en in het juiste licht en onder optimale omstandigheden en met de juiste push-up valt het toch allemaal heel erg mee...?

Peer: *Waarom zeggen vrouwen altijd dat ze een begrijpende, zachte man willen en gaan ze uiteindelijk voor een vent met poen? Wij mannen doen tenminste wat we zeggen: we gaan voor jong.*

Dolores: *Dat zit je wel dwars, hè? Je tuinbroektrauma... Nou, het is heel simpel, stel dat je op een warme dag snakt naar iets koels. En je kan kiezen uit een ongezond roomijsje of een gezonde bruine boterham. Dan kies je toch ook voor het ijsje?*

Peer: *Je bedoelt dat een rijke bink met een snelle auto op korte termijn bevredigender is?*

Dolores: *Wat denk je zelf? Op de langere termijn zou die aardige zorgzame vent wellicht toch beter bevallen, maar je wil nu toch ook wat?*

Peer: *Kortetermijndenken, ik dacht dat juist mannen dat deden.*

Dolores: *Nou, als je het slechte nieuws wilt horen, de aantrekkingskracht van sterke en succesvolle mannen is ook genetisch. Net als bij dieren geeft het mooiste, slimste of sterkste mannetje de beste garantie op succesvol nageslacht.*

Peer: *Maar waarom hameren jullie dan zo op vrouwvriendelijkheid en zachtheid bij mannen als dat helemaal niet is wat je zoekt?*

Dolores: *Nou, ook dat is nogal simpel. Als dat dominante mannetje allang weer bij je weg is, dan moet je als vrouw nog jaren zijn kinderen opvoeden. En daarvoor kiezen we dan als volgende man zo'n lieve softie die veel van kinderen houdt. Maar natuurlijk niet omdat we er vreselijk opgewonden van worden...*

Hij: heeft zich op zijn best aangekleed, maar helemaal kreukvrij is het allemaal niet en die bloes had eigenlijk gewassen moeten zijn. En nu maar hopen dat ze die vlek op zijn broek niet ziet. De condooms zitten in zijn binnenzak, je weet maar nooit...

Zij: heeft de hele dag in voorbereiding doorgebracht en eindeloos zitten aarzelen wat ze aan moest doen. Uiteindelijk heeft ze toch nog een nieuw truitje gekocht dat perfect paste bij haar nieuwe pumps. Ze moest er wel strak uitzien, maar ook weer niet te sexy, dat lijkt te *eager*. De bekende zwakke plekken zijn zorgvuldig gecamoufleerd, het haar zorgvuldig in model gebracht. Toch maar een pakje condooms in haar handtasje, je weet maar nooit en tenslotte is ze geen preutse bakvis meer...

De locatie: het café-restaurant is trendy en ook druk genoeg om zonder pottenkijkers rustig te kunnen eten.

Hij: is op tijd en gaat aan de bar zitten. Iedere dame die binnenkomt wordt van top tot teen gemonsterd, maar als ze niet zoekend rondkijkt, gaat zijn belangstelling weer naar de ijsblokjes die smelten in zijn glas.

Zij: haalt diep adem en loopt zo nonchalant mogelijk op die nieuwe pumps het restaurant binnen. Ze scant de bar af, welke van de heren zou het zijn? Ze ziet de perfecte man zitten, haar hart slaat over, ze loopt op hem af. '*Ben jij...?*' Nee, hij is het niet. Maar die vent naast de perfecte man meldt dat hij het wèl is. Ze kijkt hem aan en weet het binnen een tel. Afknapper. Een loser. Verloren avond.

Hij: '*Hmmm... tikje te jong gekleed voor haar leeftijd. Tikje te dik naar mijn smaak. Eigenlijk niet m'n type.*'

Maar ja, als hij zijn best doet, slaapt hij vannacht niet alleen...

De avond die volgt is nog lang. De keuken neemt ruim de tijd voor ieder gerecht. '*Waarom hebben we toch niet bij een fastfoodtent afgesproken?*', denkt zij. Er wordt meer gedronken dan gewoonlijk en ach, hij valt best wel mee. Niet echt de gedroomde date, maar toch best aardig. En zij kan af en toe leuk uit de hoek komen. En hij is toch best charmant.

Als ze buiten het restaurant staan, aarzelt ze. Hij wil met haar mee, daar maakt hij geen geheim van. Hij is het niet, dat heeft ze in bedekte termen toch wel aangegeven. Maar aan de andere kant, weer eens een arm om je heen, wat warmte...? Bij het betreden van zijn optrekje is ze op slag weer nuchter. Klein, rommelig en slecht gelucht. Maar er is geen weg terug.

Terwijl ze zo voordelig mogelijk haar kleding uitdoet, ruikt ze dat zijn lakens niet erg fris zijn. Wat zal ze doen? Zich weer aankleden? Zuchtend laat ze zich op het matras zakken en laat hem over zich heen komen. Hoe lang zou hij nodig hebben?

Ach, was ze met alles wat ze nu weet maar weer die mooie, strakke onbevangen tiener. Dan zou ze het wel weten en niet al haar aandacht en energie aan de verkeerde jongens hebben gegeven. Met de kennis van nu weet ze dat het stuk van de school is geëindigd als onderfiliaalchef van een buurtsuper.

Nee, als ze het nu nog eens mocht overdoen... die aardige verlegen jongen achter haar in de klas, die was toch echt heel positief uitgegroeid... en onder die pukkels daar rechts van haar, daar bleek later toch ook een leuke vent onder te zitten... die is nu alweer heel lang gelukkig getrouwd met het buurmeisje...

Maar ze mag het niet nog een keertje overdoen.

Dolores: *Waarom camouflagetechnieken gebruiken als je straks toch (mannen vrijen graag met het licht aan, ouder wordende vrouwen niet) voor de bijl moet. Hoe werk je je, als het moment suprême nadert, zo subtiel mogelijk uit je steunpanty?*

Hoe zal hij reageren als straks bij het (met de rug naar hem toe natuurlijk) uitdoen van de push-up de borsten twintig centimeter lager blijken te zitten?
Niks van aantrekken, het komt allemaal goed. Het gaat om het moment van veroveren, dan moet je op je best tevoorschijn komen, of het nou echt is of namaak. Breng dan alle middelen in stelling.
Ligt de heer in kwestie eenmaal bronstig met je te bed, dan doet hij daar niet moeilijk over. Wat dat betreft zijn de heren good sports, *ze beseffen heus wel dat ze zelf ook niet helemaal strak meer in het vel zitten.*

De moraal van dit verhaal: vrouwen willen het beter doen dan in de vorige relatie. Daarom stellen ze vaak onhaalbare eisen en eindigen dan ook meestal met lege handen.

En de mannen? Die nemen zich wellicht ook wel voor het beter te gaan doen, maar in de praktijk storten ze zich in het eerste het beste dat voorbij komt. Om de eenzaamheid te kunnen ontlopen, of om aan hun gerief te kunnen komen. En als die relatie niet werkt? Dan proberen ze gewoon een volgende.

Als je droomt
van jong zijn
ben je al te oud

Buigen en barsten

WE ZIJN ROND DE ZESTIG, DAN ZIJN WE TOCH NOG JONG?

Het valt voor de *forever-younggeneratie* niet mee om oud te worden. Oud is afgeschreven. Daar gaan we dus niet aan meedoen. Neem nou Mick Jagger, die is toch...

De dames halen alles uit de kast, ze verven hun haar, zijn continu op dieet en schrikken niet terug voor een facelift hier of een liposuctie daar. De heren proberen zich nog altijd in de te strakke spijkerbroek te persen en kopen een Harley.

Je wilt liever dood gevonden worden dan te horen bij een club als de seniorenomroep of gezien te worden met een exemplaar van een 50+-glossy.

We denken er helemaal bij te horen, bij de vriendjes van onze kinderen en hebben helemaal niet door dat die voor ons vriendelijk een toneelstukje spelen en ons achter onze rug uitlachen. Uitlachen? Maar we gaan toch samen naar een Stonesconcert?

Voor scheiden wordt het onderhand een beetje laat, je hebt geleerd te leven zoals het gaat en hebt je erbij neergelegd wat het geworden is. Het werkzame leven nadert zijn einde en het *Zwitserleven* voelt als het naderbij komt toch niet erg groots & meeslepend.

Er staan ons slechts twee wegen open: buigen of barsten.

Buigen we, dan geven we schoorvoetend toe dat het mooi geweest is. Klaar met groots & meeslepend, basta! Vanaf nu gedragen we ons gewoon naar onze leeftijd.

Dat is in het begin flink wennen, maar wonderbaarlijk genoeg voelt het eigenlijk helemaal niet verkeerd. Opeens hoeft er van alles niet meer, je hoeft niet gezien te zijn in de laatste trendy tent en ach, een receptie meer of minder, ze zijn toch allemaal hetzelfde.

Barsten we, dan laten we ons niet kennen. Wij feesten en beesten gewoon door tot we erbij neervallen. Gelukkig zijn we ondertussen rond het pensioen, het valt niet mee het tempo van alle nieuwigheden en trends bij te houden en stiekem doen we dan toch maar een middagdutje. Maar we zijn geen watjes, we blijven op onze post!

Peer: *Ik snap niet waarom oudere vrouwen zo massaal naar de plastisch chirurg gaan. Wie denken ze voor de gek te houden? Wij zien heus wel dat ze niet meer zo piep zijn.*

Dolores: *Is de mogelijkheid wel eens bij je opgekomen dat ze het helemaal niet voor jullie doen?*

Peer: *Niet voor ons? Voor wie dan wel? Voor de hypotheek van de plastisch chirurg?*

Dolores: *Nou, bijvoorbeeld voor een goed zelfbeeld. Dat ze voordat ze de deur uitgaan een blik in de spiegel kunnen werpen en tevreden kunnen constateren dat ze er prima uitzien voor hun leeftijd. Beter dan vriendinnen die er niets aan hebben gedaan.*

Peer: *Oké, ik snap het, ze doen het om elkaar de ogen uit te kunnen steken.*

Dolores: *Dat is weer typisch zo'n rottige mannenopmerking. Jaloerse vrouwen die krabbend en harentrekkend over straat rollen...*

Peer: *Ja hallo..., geef mij dan eens de logica van tienduizenden euro's uitgeven om er beter uit te zien zonder dat het concreet wat oplevert.*

Dolores: *Jullie kunnen dat gewoon niet snappen. Als iets niet concreet is, gaat het jullie boven de pet. Trouwens, waarom heb jij je ogen eigenlijk laten laseren?*

Peer: *Om beter te zien natuurlijk.*

Dolores: *Was er iets mis met je bril?*

Peer: *Nou als het regent is een bril... oké, om er jonger uit te zien.*

Dolores: *Zo!*

Peer: *Maar wel met het duidelijke doel aantrekkelijker voor vrouwen te worden. En dat is dus gelukt. Ik word binnenkort weer vader!*

Dolores: *Jij? Vader....? Eh... gefeliciteerd moet ik dan natuurlijk zeggen?*

Peer: *Ja, is 't niet geweldig?!*

De pre-ouderdom is net zoiets als de pre-puberteit: je zit er tegenaan, maar het is het nog niet. Tussen servet en tafellaken. Niet meer jong, nog niet echt oud. Aan het eind van je carrière, maar nog geen gesettelde pensionado. De kinderen zijn het huis uit maar een helder doel voor de komende twintig jaar ontbreekt nog.

Zou die wereldreis waar je al twintig jaar van droomt er nog van komen? Snel wegwezen dan, voordat er kleinkinderen zijn die je aandacht opeisen en waar je wekelijks op moet passen omdat beide ouders aan het werk zijn en de kinderopvang toch minder vertrouwd vinden dan de goede zorgen van opa en oma. Of voordat eerst die heup nog even vernieuwd moet en vervolgens die knie. Voor je het weet, wordt je avontuurlijke wereldreis een rustige cruise. Als je sowieso op reis kunt natuurlijk heren, als er geen tweede worp is die doorlopend vaderlijke zorg behoeft.

Dolores: *De tweede worp is voor gevorderde mannen geen poging te bewijzen dat ze nog jong en viriel zijn. Het is er een gevolg van.*

Ze zijn eerder, al dan niet middels de midlife of de Greenfields bij hun vrouw weggegaan en hebben een jonger exemplaar aan de haak geslagen. Tot tevredenheid. Die ziet er niet alleen vijfentwintig jaar jonger uit (dat is ze ook), maar brengt hem gelijk ook weer midden in where it's happening *met haar jonge en dynamische vriendenkring.*

Maar het duurt niet lang of daar komt die verdomde biologische klok alweer om de hoek kijken. De nieuwe partner loopt richting veertig en wil serieus werk maken van haar kinderwens.

Oei, foutje! Toch niet weer opnieuw beginnen met de luiers?

De middelbare man is niet blij. Maar wat moet hij? De keuze om er weer alleen voor te staan en het hele circus opnieuw door te moeten of dan maar in godsnaam een tweede worp? Dan is een baby toch minder afschrikwekkend dan de eenzaamheid.

Nu alleen nog even oefenen voor de spiegel om die tekst er geloofwaardig uit te krijgen: 'Ik maak het nu zoveel bewuster mee dat mijn kinderen opgroeien. De eerste keer zat ik midden in m'n werk en zo. Heerlijk gewoon, zo'n herkansing..'

Dood zijn
doet geen pijn

Oud zijn & de zin van het leven

DE KROON VAN DE SCHEPPING

Heb je eenmaal de dagen des onderscheids bereikt, dan komt het leven in een rustiger vaarwater. Je bent gepensioneerd, je hoeft niet meer van alles. Als je nog samen bent, doe je af en toe misschien nog voorzichtig aan bejaardensex, de man koestert zijn spaarzame erecties.

Eenzaamheid is je grootste gevaar. De kinderen komen weliswaar vaak, maar meestal alleen maar om de kleinkinderen af te leveren als ze zelf op stap willen. En om nou iedere dag te moeten golfen...

Scheiden doe je nu echt niet meer, als je het eenmaal zo lang hebt uitgehouden, dan kan dit er nog wel bij. En wie weet zit er nog een nieuwe liefde in het vat, als je partner sterft.

De wijsheid is inderdaad met de jaren gekomen, zoals het tegeltje reeds had voorspeld. Maar het is een andere wijsheid dan je had gedacht toen je jonger was. Het is geen wijsheid van diepe inzichten, maar een wijsheid van acceptatie. Je leven is bijna voorbij en je overziet wat er allemaal is misgegaan in je leven, de puinhopen die je soms hebt achter gelaten, de doelen die nooit bereikt zijn. Je weet nu met terugwerkende kracht hoe je het destijds allemaal had moeten doen. Stemt die wetenschap bitter? In het geheel niet, de ouderdom stemt mild. Zou je het willen overdoen? Nee, ook niet.

Je weet nu waarom legers altijd uit jonge mannen bestaan en niet uit oude knarren. Niet alleen omdat die stram en langzaam zijn, maar omdat oorlogen alleen bestaan bij de gratie van het onsterfelijkheidsgevoel van de soldaten. Een jongen van achttien weet dat ie in de strijd kan sterven, maar gaat er blind van uit dat het hem niet gaat overkomen, die kogel zal een ander raken. Bejaarden hebben zich verzoend met de naderende dood, maar dat betekent niet dat ze zich zinloos aan Magere Hein over zullen geven. Ze koesteren niet meer de jaren maar de dagen en waken als haviken over de resterende uren.

Ze zien jeugdige overmoed voorbij golven en iedereen monomaan achter zijn doelen aan jagen. Ze weten wel beter, maar ze weten ook dat het geen zin heeft die wijsheid van de daken te schreeuwen.

Hoe hard je ook schreeuwt, die boodschap gaat verloren in de herrie van het drukke leven. Het is een geheim dat je blijkbaar pas kunt horen als je oud bent en een beetje doof.

DE ZIN VAN HET LEVEN

Vroeger was het makkelijk: waartoe zijn wij op aarde? Wij zijn op aarde om God te dienen en zo in de hemel te komen. Tegenwoordig is het niet meer zo makkelijk. Er spelen twee dingen.

Aan de ene kant: de mens waant zich de kroon van de schepping. Niet eerder heeft een diersoort zoveel verstand gekregen en is ook zo sterk in staat geweest de wereld te verbouwen. Er zijn culturen ontstaan, machines uitgevonden, natuurgeheimen ontrafeld. Straks zijn we misschien de eerste diersoort die actief zijn eigen ondergang heeft bewerkstelligd.

Kijken we om ons heen, dan kunnen we gerust stellen dat we de meest verstandelijk ontwikkelde diersoort zijn. Zoiets als wij is op aarde nooit eerder vertoond. We zijn uniek. We voelen ons zo belangrijk dat we ons niet kunnen voorstellen dat ons eigen leven en onze cultuur te vergelijken valt met dat van laten we zeggen een mier. Die leeft weliswaar ook in een hogelijk georganiseerde monarchie, maar een paar miljoen mieren meer of minder, ach wat maakt het uit. De individuele mier en zelfs de individuele mierenhoop zijn misbaar. De vraag wat de zin van het leven van die ene mier was, wordt als onzin afgedaan. Of er volgt een evolutionair verhaal dat de mier bijdraagt aan het voortbestaan van de mierensoort.

Zo niet als het over onszelf gaat. Wij zijn natuurlijk ontegenzeggelijk belangrijker dan die mier. Wij kunnen beter nadenken dan die mier en doen dat ook van harte en het gaat ons verstand te boven dat een geniale schepping als wij hier op aarde net als die mier alleen maar is om te leven, zich voort te planten en te sterven. Voor ons moet er toch een groter plan zijn?

Wat we nog niet kunnen voorkomen, is dat sterven. We willen niet dood. We zijn zo slim geworden dat het besef van de onvermijdelijke dood ons veel meer kopzorgen baart dan de andere dieren. Maar hoe slim we ook zijn, het lukt maar niet dat sterven tegen te houden. Een heel leven lang leven en leren om vervolgens domweg dood te gaan, dat is toch eeuwige zonde? En bovendien niet eerlijk. Dat hoeven we toch niet te pikken?

Het is natuurlijk niet toevallig dat het juist de religie is die ons leven niet alleen een zingeving biedt, maar met name ook een uitweg uit het sterven: we leven gewoon voort na de dood. Of anders worden we wel wedergeboren. Er is geen godsdienst waar de ziel na het overlijden niet in de een of andere vorm blijft voortbestaan. Wellicht kunnen we straks, als we eenmaal die langverwachte uitvinding hebben gedaan die de dood opheft, wel zonder godsdienst. Die is dan grotendeels overbodig geworden.

(Heel lang kan die situatie vervolgens niet duren, al spoedig duwen we elkaar met al die eeuwig levenden van de aarde af.)

Dolores: *Als je als assistent-dompteur voor het eerst je hoofd in de muil van een leeuw steekt, dan vraag je je af of God bestaat.*
Maar als je de slechte adem van het beest ruikt en zijn tong likkebaardend door die muil gaat, dan weet je dat je op jezelf zult moeten vertrouwen. En als je er heelhuids uit bent gekomen, dan weet je in ieder geval één ding zeker: het leven heeft zin.

HET ZWARTE GAT

Aan de andere kant: het heelal bestaat een kleine veertien miljard jaar. Dat is 14.000.000.000 jaar. Ons eigen sterrenwegstelsel (slechts één van de ongeveer honderd miljard sterrenwegstelsels) bevat vijftien miljard zonnen. Dat zijn er dus

15.000.000.000. En die zonnen hebben eventueel weer hun planeten. Plek zat dus in het sterrenwegstelsel.

De doorsnede van dat sterrenwegstelsel (een soort platte koek) is honderdduizend lichtjaren bij een dikte van tweeduizend lichtjaren. Dat klinkt nog redelijk, maar als je beseft dat een lichtjaar 9.460.528.000.000 kilometer is, dan is het een flinke wandeling van de ene naar de andere kant. Als we daar aangekomen zijn, hebben we zo'n 946.052.800.000.000.000 kilometer op de teller staan.

Voor iedere aardbewoner zijn er dus twee eigen sterren in het melkwegstelsel en dan hebben we nog wat over voor een eventuele bevolkingsgroei.

In de tijd van Galileï wist men niet beter dan dat de aarde het middelpunt van het heelal was. Nu weten we wel beter. Is het dan niet een heel klein pietserig tikje arrogant te denken dat je een belangrijke rol aan het vervullen bent in het universum? Dat jouw aanwezigheid van een miljardste kosmische microseconde in het heelal er iets toe doet? Als wij straks de aarde uit elkaar laten knallen, dan zijn er nog 14.999.999.999 sterren over in ons sterrenwegstelsel. Zou ons verdwijnen erg opvallen? Heus?

Een toepasselijk tegeltje: '*Aan een boom zo vol geladen, mist men één, twee pruimen niet...*'

Het is als die grap van de olifant en de muis die samen over een brug lopen. Zegt de muis: '*Wat stampen we lekker.*'

Dolores: *Evolutiebioloog Richard Dawkins veronderstelt dat het, gezien het enorme aantal sterren, waarschijnlijk is dat er ook andere planeten zijn waar leven kan ont-*

staan. Maar als je de factoren bekijkt die daarvoor nodig zijn, dan mogen we in onze handjes klappen dat we de mazzel hadden op deze planeet terecht te zijn gekomen.
Om te beginnen moet er water zijn en mag de temperatuur op een planeet niet te hoog of te laag zijn. Bevroren of kokend water zijn niet geschikt om leven te doen ontstaan. Dus moet die planeet ook nog eens een keurig rondje om zijn zon draaien, is de baan te elliptisch, dan kan de planeet een deel van de tijd uit de juiste temperatuurzone schieten en dan hebben we nog niks.
Dawkins neemt een ruime marge: hij stelt de kans op een levensvatbare planeet één op een triljoen. En dan moet vervolgens op die planeet dat leven ook nog eens daadwerkelijk ontstaan. Hij neemt daarvoor een kans van één op een miljard. Lijkt een redelijk ruime marge, niet?
Blijven er toch nog een miljard planeten over waar dan leven is ontstaan.

Nee, lieve lezer, het zit er niet in. Onze korte aanwezigheid hier op deze aardbol zal in de kosmische tijd ongemerkt voorbijgaan. DE ZIN van het leven bestaat niet.

Ook op lokaal aards niveau bestaan we maar een fractie van de tijd dat de aarde bestaat. Het eerste leven op aarde ontstond ongeveer vijfhonderd miljoen jaar geleden en de Homo Sapiens bestaat pas honderdvijftigduizend jaar. En als wij er als soort niet meer zijn, zal de aarde nog heel lang zonder ons doordraaien.

En zelfs de evolutionaire zingeving, het voortzetten van de soort, heeft op de eeuwigheid geen enkele zin. Dan maar een soort minder in het heelal. Geen planeet zal er een rondje minder om draaien.

Maar we hoeven bij deze constatering niet in een diepe depressie weg te zakken, of in een zwart gat te vallen, er is een troost.

En dan hebben we het niet alleen over religie, die heeft lange tijd het monopolie van troost- en zingever gehad. Godsdiensten bepaalden voor al hun aanhangers wat DE ZIN was en lieten alle neuzen dezelfde kant op wijzen.

Maar in onze geïndividualiseerde samenleving willen we niet meer allemaal met de neuzen dezelfde kant op wijzen. We kunnen het ondertussen heel goed zelf.

En zo kan je dus net zo goed heel gelukkig oud worden in de overtuiging dat je een goed mens bent geweest en dat je leven zin had omdat je zes keer per dag hebt gebeden, als in de overtuiging dat het wel snor zat omdat je heel veel zeehondjes van de jacht hebt gered. Of omdat je iets gedaan hebt aan de honger in de wereld. Of omdat je je kinderen goed hebt grootgebracht. Of omdat...

En dat is het goede nieuws: uiteindelijk bepaalt niemand anders dan jijzelf of je leven zin heeft.

De zin van je leven is naar keuze! Kies een levensdoel, leef dat na en op je sterfbed kan je vervolgens tevreden constateren dat je leven zin heeft gehad.

Veel succes!

Tip

Kies je zin-doel niet te groot, dan kan je het nooit waarmaken en dan word je alleen maar ongelukkig en gefrustreerd. Een te makkelijk doel geeft geen bevrediging. Zoek dus een levensdoel waarvoor je wel je best moet doen, maar dat toch zeker binnen de haalbare mogelijkheden ligt.

ZINGEVINGSSCHEMA

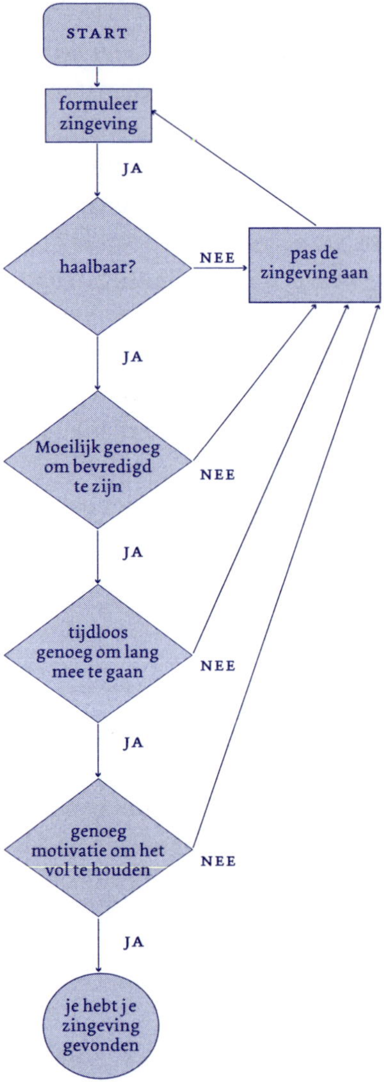

Een goede moraal
is meestal zeer basaal

De moraal van het verhaal

NA DE DOOD

'*Is er leven na de dood?*' Dat is de hamvraag waar elke religie voluit 'Ja' op antwoordt. Maar ook in evolutionaire zin zou je kunnen zeggen dat er leven is na de dood: jij bent er niet meer, maar als het goed is, heb je je voortgeplant en leven je genen voort. Je kinderen hebben ieder de helft van je genen, dus als je drie kinderen hebt, leef je eigenlijk nog honderdvijftig procent. En als je kinderen op hun beurt overleden zijn en vier kleinkinderen hebben nagelaten, dan leef je nog steeds voor honderd procent.

De verdunning van je genen wordt natuurlijk steeds groter, maar door het grote aantal afstammelingen kan je nog heel lang voor honderd procent blijven bestaan.

Dolores: *Richard Dawkins stelt dat de eerste klompjes moleculen die in staat waren zichzelf te dupliceren (onze allereerste voorouders dus) pak hem beet vierduizend miljoen jaar geleden ontstonden. En dat kopiëren van wat later de genen werden, is sinds die tijd voortgegaan, van generatie op generatie, en uiteindelijk dus van soort tot volgende soort.*
Als een organisme of dier zich niet voortplantte, verdwenen zijn genen van het toneel. Het pure feit dat je dit kan lezen, betekent dat je kunt stellen dat je in regelrechte lijn terugdateert naar dat organisme van vierduizend miljoen jaar geleden en dat je voorgeslacht er dus in geslaagd is zich in al die tijd voort te planten, zonder ook maar één keer de boot te missen...

Is het een mooie en troostrijke gedachte dat die genen van ons na onze dood nog een hele tijd voortbestaan? Persoonlijk worden we er niet heel enthousiast van. En het is ook des mens om te zoeken naar een reden en een zin van zijn bestaan. Voor velen onder ons is de gedachte dat we het zelf maar moeten uitzoeken weinig troostrijk. En dus zoeken we zin en troost in godsdiensten of bewegingen als Transcendente Meditatie, The Secret, Jomanda, Scientology of hoe ze allemaal mogen heten. Wij vinden het allemaal best, doe je ding en haal er steun uit. Zolang je ons (en anderen) er niet mee lastig valt.

Want al die religies en bewegingen claimen allerlei tegenstrijdige zaken en die kunnen natuurlijk nooit allemaal gelijk hebben. Dus gelijk hebben, daar gaat het helemaal niet om. We wonen op een globaliserende aardbol waar we allemaal door elkaar gehusseld worden en dan kan je niet langer met hele landen tegelijk roepen dat jij gelijk hebt, dat is niet erg productief.

Dolores: *Toen ik in Mexico geboren werd, was het natuurlijk vanzelfsprekend dat ik katholiek zou worden. Maar toen werd ik geadopteerd door Nederlandse ouders die hervormd waren. En toen werd ik dus hervormd. Als ik destijds was geadopteerd door moslimouders, was ik vast en zeker moslima geworden.*

Toen ik twaalf was, gingen mijn ouders opeens in de Bhagwan en werd ik sannyasin. Daarna had ik het wel gehad. Ik ging het huis uit en was niet langer gelovig.

Ik mag dus wel zeggen dat ik ervaringsdeskundige ben. Een paar tips om religie of spirituele beleving toch dragelijk te houden:

- *Stap niet domweg in de religie waar je in geboren bent, dat is toch wel heel simpel. Zoek er een die bij je past.*
- *En als je dan toch zoekt, zoek er eentje die ook nog vindt dat er wat lol beleefd mag worden tijdens het leven en niet alleen in het hiernamaals. Tenslotte weet je maar nooit, stel dat dat hiernamaals uiteindelijk toch niet bestaat...*
- *Kies niet voor de zekerheid de religie met de meeste aanhang. Dat garandeert niet dat ze ook gelijk hebben. Kijk maar naar Galileï, die geloofde helemaal in z'n eentje dat de aarde rond was...*
- *Willen ze een fors deel van je inkomen? Dan hebben ze een iets te grote interesse voor aardse zaken en dat laat zich slecht rijmen met het hemelse.*

En als je toch zo graag iets wilt geloven, waarom geloof je ons dan niet gewoon even? Dan ben je over een paar bladzijden klaar.

Even kort door de bocht (kunnen we tenminste weer verder), al die spirituele bewegingen en andere vage types bieden ons niet de gehoopte verlossing. Het is heel simpel: iedereen die een totaaloplossing claimt voor alle levensvragen belazert de kluit of heeft een bord voor z'n kop. De totaaloplossing bestaat niet.

Meditatie kan heel goed zijn voor de zielenrust, positief denken loont, bij een groep horen geeft warmte, we zijn het er van harte mee eens.

Maar er bestaat geen universele kant-en-klaaroplossing.

Peer: *Nu zitten we weer met zoiets als The Secret. Alleen al het feit dat je iets The Secret noemt en het vervolgens in een boek verklapt, is natuurlijk volkomen maf. En de stelling dat als je iets maar wilt dat het dan ook gaat uitkomen, die is weer akelig goedgelovig.*

Wat er gaat gebeuren, is dat er een paar jaar lang types zijn die er hartstochtelijk in geloven. 'Ik wilde rijk worden en ik ben toch rijk geworden?' *Dat zullen niet in de laatste plaats de goeroes zijn. Het overgrote deel van de aanhangers zal het natuurlijk niet lukken en die krijgen dan nog eens voor de kiezen dat ze losers zijn en dat het hun eigen schuld is dat het niet gelukt is of dat ze invalide geworden zijn terwijl ze gezondheid nastreefden. Hadden ze maar harder moeten geloven.*

Het is uiteindelijk heel simpel, we kunnen allemaal wel minister-president willen worden, maar er is maar één vacature. Het is dus godsonmogelijk om een dergelijke wens bij veel mensen tegelijk te laten uitkomen.

En als we allemaal rijk worden, dan is er niemand meer rijk, rijkdom bestaat (net als schoonheid) natuurlijk alleen bij de gratie van armoede (lelijkheid).

We zijn dus aangewezen op onszelf. Er is geen helder groter doel, we moeten het alleen oplossen. Gelukkig zijn we weldenkende rationele wezens en zijn we uniek en bijzonder door onze eigen individuele prachtige karakters. Toch?

Nou, daar valt nog wel het een en ander op af te dingen.

Puur lichamelijk zijn we in ieder geval niet een eenheid gedurende ons leven. Er is aan het eind van je leven amper meer een cel die er ook al was toen je geboren werd. Cellen sterven af en cellen worden bijgemaakt en ondertussen ben je dus eigenlijk een heel ander lichaam geworden. En dat geldt ook voor de hersenen, de gedachten erin zijn wellicht blijvend, de hersenen zelf worden ondertussen stiekem vervangen.

Dolores: *Dat brein van ons is helemaal geen eenheid die geheel opnieuw ontworpen is om het nieuwe aapmodel Homo Sapiens te gaan besturen. Eigenlijk is het een nogal klungelig geheel, op iedere oudere versie is een nieuwe laag gebouwd en daaroverheen weer een nieuwe laag. Je hebt een ezelkar en daar bouw je een motor in en weer een tijdje later zet je d'r vleugels op en moet het ding vliegen. Zoiets.*

Grofweg zijn er drie hersenen op elkaar gestapeld. De oudste, het reptielenbrein, dateert terug tot vijfhonderd miljoen jaar geleden. Het regelt zaken als de hartslag, bloedsomloop en spijsvertering. Daarbovenop kwamen bij zoogdieren de emotionele hersenen. Zoogdieren hadden wat meer nodig dan de eerdere diersoorten en moesten ook iets hebben waarmee ze konden leren van ervaringen. En toen het leven nòg ingewikkelder werd, ontwikkelde de mens (en in mindere mate ook een aantal zoogdieren) de nieuwste versie, de hersenschors. En die maakt dat we kunnen reflecteren en redeneren.

'*Ik denk dus ik ben*', zei de oude Descartes destijds. Hij kon niet weten dat het allemaal net een tikje ingewikkelder zat. En dat ligt hem aan die drie hersenen. Die verwerken allemaal binnenkomende prikkels en dat doen ze een beetje op hun eigen houtje. En meestal zijn we ons daar helemaal niet van bewust, maar om uit al die informatie die op ons af komt wijs te worden, moeten we een heleboel weglaten en alleen de hoofdzaken tot het bewustzijn laten doordringen. Maar die drie breinen schreeuwen om het hardst dat ze iets belangrijks te melden hebben en de ene keer weet dit brein de overhand te krijgen, dan weer dat brein. ('*die vrouw ruikt lekker, laten we er bovenop duiken*' (reptielenbrein), '*hé, een aantrekkelijke blonde dame, uit de buurt blijven, we zijn al een paar keer bot afgewezen door blonde dames*' (emotionele hersenen), '*hé, een leuke blondine, maar laat ik maar geen versierpoging doen, tenslotte ben ik gisteren getrouwd*'(hersenschors)).

Op basis van informatie waarvan we geen enkel idee hebben wie het heeft aangeleverd en waarom nemen we een beslissing. En vervolgens zeggen we dat die rationeel was. Maar in veel gevallen (zeker als er snel een beslissing moet worden genomen) komt die *intelligente* hersenschors er helemaal niet aan te pas.

Het is ook keer op keer bewezen, dat als er een moeilijke beslissing moet worden genomen de keus vaak beter is als hij wordt genomen op intuïtie (lees: door de lagere breinen) dan na een uitgebreide analyse van alle factoren. Oftewel: als onze hersenstam een te ingewikkelde opdracht krijgt, dan is de *oplossing* van de minder slimme hersenen beter.

Dus hoe rationeel zijn we eigenlijk?

Het wordt nog veel erger.

Dat geheel eigen karakter, dat is toch wel echt helemaal van onszelf, nietwaar? Dat maakt ons toch tot wie we zijn, onze eigen unieke persoonlijkheid? Vrolijk, spontaan, empathisch, leest graag een goed boek, houdt van avontuurlijke reizen en van Italiaans eten bij kaarslicht...

Nietwaar.

Peer: *Recent onderzoek wijst uit dat de invloed van de feromonen op ons sexgedrag nog veel groter is dan we dachten. Door bij muizen te sleutelen aan* 'het ruiken' *van die feromonen verandert gelijk het sexueel gedrag van bijvoorbeeld een vrouwtjesmuis radicaal in dat van een mannetjesmuis. En vice versa. Stel je voor, even een stekkertje omzetten in dat feromoonaal orgaan daar achter in de neus en de zelfs grootste macho gaat direct de kleine een schone luier geven. Terwijl Miep bronstig van achter het aanrecht vandaan komt om er eens goed overheen te gaan.*

Alsof het nog niet erg genoeg is dat onze mannenego's eigenlijk alleen maar bestaan uit een dosis hormonen en feromonen, blijkt nu onze spreekwoordelijke mannelijke dapperheid en moed slechts een kwestie te zijn van eiwitten! Blijft dan niets ons bespaard? Onderzoekers joegen gewone muizen angst aan door ze bijvoorbeeld vossenlucht te laten ruiken (zijn ze aangeboren bang voor) of hard lawaai te laten horen. Beetje muis kiest dan subiet het hazenpad. Haalden ze een bepaald eiwit uit het lichaam van een andere groep muizen, dan bleven die vrolijk rondhuppelen in de nabijheid van de vos en lieten de herrie rustig over zich heen komen. Conclusie: de mannelijke heldenmoed waarop de wereldgeschiedenis berust, is niets anders dan een beetje eiwittekort. Gewoon een beetje shaken met hormonen, feromonen en eiwitten en op bestelling leveren we u een homo-

held dan wel een heterowatje of een bi-watjemaarwilt. Zo simpel is het. De held in ons: niks stoer overblijfsel van de oermammoetjager...

Het is een compleet op hol geslagen chemische fabriek daarboven tussen de oren. De ene stof wekt lust op, de ander dooft die even later weer, verliefdheid, liefde, honger, slaap, verdriet, blijdschap, het wordt ons allemaal aangereikt als een bruisende cocktail waar we weinig zeggenschap over hebben. En nou is er niks tegen om dat borrelende en bruisende pakket drugs je karakter te noemen, de vraag is alleen hoe persoonlijk en vast en uniek dat karakter van ons dan wel is.

En dat is niet erg vast, persoonlijk en uniek. Als het lichaam door de een of andere reden een bepaalde stof niet meer aanmaakt of opneemt, dan kan een mens compleet van karakter veranderen. Die warme, gastvrije vrouw wordt compleet achterdochtig, die beleefde man een ongelofelijke hufter. Maar ook in het heel gewone dagelijkse leven kunnen kinderen veranderen in stuiterende ADHD-ertjes door kleurstoffen en als je in een depressie zit heb je te veel serotonine in de hersenen. En wat doet dat pilletje Prozac vervolgens? Juist, het serotoninegehalte omlaag halen, zodat je je weer wat beter voelt.

Oké, oké, denk je nu waarschijnlijk beste lezer, mijn bestaan heeft dus geen specifieke zin anders dan het doorgeven van die genen en zelfs mijn eigen identiteit bestaat nauwelijks. Dat wordt een opwekkend einde voor een boek dat claimt dat het leven een makkie is. Wat kunnen ze nog meer voor deprimerends bedenken?

Komt ie.

We nemen een kijkje in de toekomst van de Homo Sapiens.

DE TOEKOMST?

Het was zo overzichtelijk. Gestaag ploeterde de evolutie voort en eenieder probeerde zich voort te planten en hoopte dat zijn of haar genen goed genoeg waren om te overleven.

Totdat die denkende aap die zichzelf mens noemde, zich er actief mee ging bemoeien. Al snel werden de eerste diersoorten door overbejaging uitgeroeid en daardoor het natuurlijk evenwicht verstoord. Weer wat later ging de mens dieren tam maken en begon ermee te fokken op gewenste eigenschappen zoals veel melk of veel vlees. En weer later ging die mens haar eigen wereld in een veel hoger tempo vervuilen en deed steeds meer plant- en diersoorten verhuizen naar de eeuwige jachtvelden.

Peer: *Bioloog en Nobelprijswinnaar Karl Lorenz stelde dat de onbeheerste vernietigingskracht van de mens lag in haar snelle technologische ontwikkeling. Als van oorsprong verzamelaar en aaseter, was de vroege mensachtige geneigd tot vluchten als er een roofdier aankwam. Totdat hij de beschikking kreeg over wapens. Waarmee hij vervolgens niet alleen grote hoeveelheden prooidieren verschalkte, maar ook steeds grotere hoeveelheden soortgenoten vernietigde.*
Bij dodelijke roofdieren was het een evolutionair proces van honderdduizenden jaren geweest om dodelijke klauwen te ontwikkelen. En in die tijd zouden die dieren ook een innerlijk rem om hun dodelijke wapens met beheersing in te zetten, ontwikkelen. Die rem zit in de mens niet ingebouwd.

Maar hoewel de mens druk bezig was de eigen leefomgeving onbewoonbaar te maken, hield hij zich braaf aan de regels van de evolutie: gaat heen en vermenigvuldigt u.

Totdat er opeens iets gebeurde dat nog nooit eerder vertoond was, een soort die zich actief ging bemoeien met zijn eigen evolutie.

De eerste grote stap die Moeder Natuur in verbijstering deed achterblijven, was de grootscheepse introductie van de pil. Hoewel het instinct tot voortplanting aanbleef, zorgde de soort ervoor dat uit het daaruit volgend lichamelijk contact geen nageslacht kwam. Natuurlijk werden er op geplande momenten wel kinderen geboren, maar het was niet langer de natuur die de regie had, wel de vrouw die de pil slikte.

Daarnaast hield de soort zwakkere broeders in leven, die vroeger in de natuur geen enkele kans zouden hebben gehad. Hiermee kwam een eind aan het overleven van slechts de sterkste genen. Ieder kasplantje kan zich nu voortplanten en daarmee dus ook die zwakke genen.

Het is maar een bescheiden begin en er wordt alleen gemorreld aan de hoeveelheid en de kwaliteit van het nageslacht, nog niet aan de bouwstenen zelf.

Maar de snelle opkomst van het genenonderzoek zal in de nabije toekomst de ontwikkeling van de menselijke soort steeds meer overnemen van de natuur. Het zal klein beginnen, vanuit een nobele bedoeling. Ernstige erfelijke ziekten kunnen uit de genen gevist worden. Dan zal de verleiding groot worden om weerstand tegen andere ziekten in te bouwen, zoals dat nu al gebeurt bij planten. En wat kan, dat willen we natuurlijk ook. Dus zal ook het uiterlijk van de mens op de schop gaan en ouders zullen van tevoren het uiterlijk van hun kind kunnen bepalen. Zijn scheve tanden en kleine borsten gangbaar in de familie? Filter ze er uit. En bepaal *en passant* gelijk wat je ervoor in de plaats wilt hebben. En als de hele familie al generaties lang foeilelijk is, dan neem je toch gewoon een beter model voor je kind? Liever blond dan donker? Geen probleem. En wie wil er nou een dom blondje hebben als je voor hetzelfde geld ook een slim blondje kan krijgen? Doe er nog maar wat IQ bij. Ach, en waarom zou ik mezelf niet laten klonen?

Ook met die chaotische chemische fabriek daarboven nemen we natuurlijk geen genoegen. We willen het allemaal zelf in de hand hebben. Dus sleutelen we net zo lang met al die stofjes tot we helemaal op maat zelf in staat zijn te bepalen wat er allemaal aan chemicaliën de hersenen binnenkomt. Beetje somber karaktertje? Liever spontaan dan verlegen? Minder angst, meer doorzettingsvermogen? Dat *fixen* we straks op maat. Kwestie van het goede pilletje slikken.

En zeg nou zelf, het is toch een aanlokkelijk vooruitzicht, allemaal mooie en gezonde mensen om je heen, minder erfelijke ziekten, iedereen in een prima humeur. Dat kan toch niet meer stuk?

Maar voordat we zover zijn, heeft waarschijnlijk, dankzij een klein foutje bij het sleutelen aan het DNA, de soort mens zich gevoegd bij die andere grootheden in het zoölogisch museum: de dodo's, de dino's en de mammoet.

Peer: *Dankzij onze mannenhersenen zijn we als soort zover gekomen. Terwijl jullie de hele tijd gezellig sociaal zitten te doen en de kinderen aan het knuffelen zijn, hebben wij de grote uitvindingen gedaan die ons maken tot wat we zijn.*

Dolores: *Zoals de atoombom, clusterbommen, napalm, gifgas...*

Peer: *Maar ook auto's, vliegtuigen, computers, televisie en de ladyshave. Zou je toch allemaal niet meer willen missen?*

Dolores: *Maar daarvoor hebben jullie wel het milieu verpest en zitten we hier straks met natte voeten.*
Peer: *Onzin, daar bedenken onze mannenhersenen wel weer een slimme technische oplossing voor, zo is het altijd gegaan.*
Dolores: *Dat is nou precies waar ik zo bang voor ben...*

SOCIAAL

Maar misschien hebben we als mensensoort geluk. En, zo hebben we geleerd, geluk is in hoge mate maakbaar. Dus laten we daarvoor gaan.

Kijk je naar de geluksbeleving bij mensen, dan springt er één fenomeen boven alles uit: mensen met veel sociale contacten zijn overal ter wereld gelukkiger dan mensen met weinig sociale contacten.

Klinkt alsof die vrouwenhersenen er niet voor niets zijn, toch? En waarom hebben we die grote hersenen van ons ontwikkeld? Om slimmer te worden? Zou kunnen. Maar wat je ziet bij apen is dat hoe groter de groep waarin ze leven, hoe groter de hersenschors. Wij mensen zijn alleen maar hogerop gekomen omdat we in hele grote groepen gingen leven, waardoor we ons konden specialiseren en dus veel beter konden worden in allerlei deelgebieden. Maar om in hele grote groepen samen te leven moet je sociaal zijn en meelevend. En wellicht, stelt evolutiebioloog Robin Dunbar, was de motor achter de ontwikkeling van onze hersenen niet zozeer de behoefte aan meer intelligentie als wel de behoefte aan meer sociaal gevoel.

We zijn sociale dieren en dat zit heel diep in het beestje. En daarom maakt het ook niet zoveel uit dat we steeds individualistischer worden en meer onze eigen weg kiezen. Door geen tien geboden en collectief gedeelde normen meer te hebben, zal de maatschappij niet tot chaos en ongebreideld egoïsme vervallen. Al zouden we het willen, we kunnen het niet, het druist gewoon te diep in tegen onze menselijke natuur.

Wat in de tien geboden staat, is (voor het deel dat vandaag de dag nog van toepassing is) niet uniek. In alle maatschappijen is het verboden elkaar (lees: stamgenoten) te doden, van elkaar te stelen en overal wordt overspel ontmoedigd. Niet omdat God het zo graag wil, maar omdat het anders een rotzooitje zou worden.

En dat kunnen we ons niet alleen niet permitteren, maar we kunnen het gewoon niet aanzien. Omdat we betrokken burgers zijn. Zo simpel is dat. De enkeling die net een beetje de verkeerde hormoonmix in z'n kop heeft en alleen maar kan denken aan zelfzuchtig graaien, die corrigeren we wel, zodat hij bij de les blijft.

En zo zijn het toch die mooie ingewikkelde mensenhersenen, zo raar als ze ook mogen werken, die ons erdoor slepen. En dan is het toch die nieuwe hersenschors die het verschil maakt. En misschien kunnen we dat dan niet zozeer als zin, maar wel als doel in het leven zien: die hersenen op en top te gebruiken. Ze maken ons slim en ze maken ons sociaal.

Dus ja, vertrouw wel degelijk op je intuïtie, maar leef ook voor je verstand. En zoals je moet bewegen om je lichaam op peil te houden, zo is het niet genoeg om vette vis te eten voor de hersenen. Ze moeten kraken.

Neem dus niets zomaar voor waar aan, stel je vragen, denk je gedachten, blijf nieuwsgierig: *'Denckt aleer gij doende zeijt...al doende denckt dan nog.'*

Dus uiteindelijk zat Descartes toch op het goede spoor.

Het is trouwens ook niet helemaal waar dat van alle diersoorten alleen de mens continu geil en tot paring bereid is. Dat startpunt van ons betoog is redelijk makkelijk onderuit te schoffelen, gewoon even naar de dierentuin naar de chimpansees en het duurt niet lang of je ziet er wel een paar zich uitgebreid aftrekken en als ze de kans krijgen, duiken ze bovenop een passerende chimpanseedame.

Dat laat niet onverlet dat continue geilheid kenmerkend is voor onze soort. Het laat alleen maar zien dat we niet zo ver afstaan als we graag denken van onze eveneens hoog ontwikkelde neef de chimp met wie we 99,5 procent van onze genen delen...

ZELFHULP

DE ELFDE GRATIS!!!

Tot allerlaatste slot: onze eigen tien geboden voor een zinnig, gelukkig en tevreden leven. Bak ze op een flinke tegel en hang die goed zichtbaar op het toilet. Als je af en toe het rijtje nog eens naloopt, dan kan het niet meer stuk.

1. Onderhoud je sociale netwerk (meer dan vijftig echte relaties kan je niet aan, we hebben het hier niet over Hyves-vrienden).
2. Denk en beslis voor jezelf. Opgelegde waarheden zijn een belediging voor je intelligentie.
3. Accepteer jezelf. Je mag best werken aan je *zwakke* kanten, maar maak er geen obsessie van. Perfecte mensen bestaan niet.
4. Hoe kies ik een partner en hoe hou ik die?
5. Wees tevreden met de goede dingen die je hebt, zoek niet altijd dwangmatig verder naar nog groener gras.
6. Vraag je elk half jaar af wat je nou echt de moeite waard vindt in je leven en doe daar vervolgens iets mee. Voorkom dat je op een dag wakker wordt en je afvraagt waar al die jaren toch gebleven zijn.

7 Blijf nieuwsgierig en alert, houd je hersens lenig.
8 Behandel een ander zoals je zelf behandeld wilt worden.
9 Vermijd zelfmedelijden, er is altijd iemand die het slechter heeft (of je bent dood).
10 Relativeren is levenskunst. Iedere situatie kan ook van een heel andere kant bekeken worden met een heel andere uitkomst.
11 Als je toch een god nodig hebt, kies dan eentje die niet zo streng is en die ook het leven voor de dood best ziet zitten.

Je vond dit boekje best veel geld?

Bedenk dan wat je met de opgedane inzichten kan uitsparen:

abonnement glossy's	€75,00
lifestyle boeken	€125,00
zelfhulp boeken	€50,00
alcohol	€750,00
prozac	€350,00
mislukte dinertjes	€500,00
echtscheidingsadvocaat	€5000,00
relatietherapie	€2500,00
kerkezakje	€500,00
Totaal:	€9850,00